2021年度沈阳市哲学社会科学专项资金资助（SY202107Z）

基于云端互动的现代服务业发展路径选择方法研究

刘凯宁 ◎ 著

中国财经出版传媒集团

经济科学出版社

Economic Science Press

图书在版编目（CIP）数据

基于云端互动的现代服务业发展路径选择方法研究/
刘凯宁著 . -- 北京：经济科学出版社，2023.9
ISBN 978 - 7 - 5218 - 4771 - 0

Ⅰ.①基…　Ⅱ.①刘…　Ⅲ.①服务业 - 经济发展 - 研
究 - 中国　Ⅳ.①F726.9

中国国家版本馆 CIP 数据核字（2023）第 084552 号

责任编辑：周国强
责任校对：徐　昕
责任印制：张佳裕

基于云端互动的现代服务业发展路径选择方法研究

刘凯宁　著

经济科学出版社出版、发行　新华书店经销
社址：北京市海淀区阜成路甲 28 号　邮编：100142
总编部电话：010 - 88191217　发行部电话：010 - 88191522
网址：www. esp. com. cn
电子邮箱：esp@ esp. com. cn
天猫网店：经济科学出版社旗舰店
网址：http：//jjkxcbs. tmall. com
固安华明印业有限公司印装
710×1000　16 开　12.75 印张　200000 字
2023 年 9 月第 1 版　2023 年 9 月第 1 次印刷
ISBN 978 - 7 - 5218 - 4771 - 0　定价：78.00 元
（图书出现印装问题，本社负责调换。电话：010 - 88191545）
（版权所有　侵权必究　打击盗版　举报热线：010 - 88191661
QQ：2242791300　营销中心电话：010 - 88191537
电子邮箱：dbts@ esp. com. cn）

　　基于云端互动的现代服务业发展路径选择问题是指城市或地区在逐步发展其现代服务业过程中，依据其自身经济发展现状，积极推进数字化转型，运用互联网、大数据、云计算等新技术，鼓励现代服务业以新业态、新模式健康发展，从而选择其最合适的长期发展道路，其描述了城市或地区现代服务业基于云端互动发展的最优实施步骤。随着数字经济的蓬勃发展，传统的实体经济与数字技术的碰撞加速了现代服务业的数字化发展，现代服务业数字化、智能化发展，能够助推城市经济高质量发展。企业间、产业间应进一步加强"云端互动"，鼓励业态创新与模式创新不仅能够深化资源共享，优化区域产业空间结构，还能够在降低运维成本的同时提高企业的灵活性，更好地应对市场竞争，更完善地服务消费者。因此，基于云端互动发展城市或地区的现代服务业对促进产业链高效协同、提升产业竞争力、推动智慧城市建设起着至关重要的作用，助推城市或地区的经济高质量发展。因此，基于云端互动开展现代服务业发展路径选择的研究是一个值得深入研究的重要课题。

　　本书针对已有的相关研究成果的不足之处，对基于云端互动的现代服务业发展路径选择方法进行了较为深入的研究，主要呈现以下几个方面的研究工作：

　　（1）基于云端互动的现代服务业发展路径选择的研究框架。针对现实中大量存在的现代服务业发展路径选择问题，并考虑到已有相关研究成果的不足之处或局限性，给出了基于云端互动的现代服务业发展路径选择的相关概念界定和理论方法支撑，进而给出了研究框架，主要包括：基于云端互动的现代服务业发展的影响因素筛选、基于云端互动的现代服务业发展的关键影响因素识别、基于云端互动的现代服务业发展的关键影响因素的修正与补充、基于云端互动的现代服务业发展路径选择。

（2）基于云端互动的现代服务业发展的影响因素筛选方法。针对基于云端互动的现代服务业发展的影响因素的筛选问题，提出基于文献计量分析的现代服务业发展的影响因素筛选方法。具体地，通过对已有的现代服务业发展的影响因素的相关文献分析与梳理，并综合考虑不同学者们在不同的研究中给出的城市或地区现代服务业发展的影响因素，采用文献计量方法对基于云端互动的现代服务业发展的影响因素进行筛选。

（3）基于云端互动的现代服务业发展的关键影响因素的识别方法。针对基于云端互动的现代服务业发展的关键影响因素识别问题，提出基于 DEMA-TEL 方法的现代服务业发展的关键影响因素识别方法。具体地，在城市或地区基于云端互动的现代服务业的发展过程中，各影响因素之间可能会有直接或者间接的互相关联、互相影响的情形，在考虑各影响因素之间关联关系的情形，给出基于 DEMATEL 方法的现代服务业关键影响因素的识别方法。

（4）基于云端互动的现代服务业发展的关键影响因素的修正与补充方法。针对基于云端互动的现代服务业发展的关键影响因素的修正与补充问题，分别提出基于云端互动的现代服务业发展的关键影响因素的修正原则与修正策略和关键影响因素的补充原则与补充策略。具体地，首先给出基于云端互动的现代服务业发展的关键影响因素的修正原则与修正策略，然后针对现实中城市或地区的具体情况，采用德尔菲法将识别出的基于云端互动的现代服务发展的关键影响因素进行修正。在此基础上，给出基于云端互动的现代服务业发展的关键影响因素的补充原则与补充策略，采用头脑风暴法对基于云端互动的现代服务业发展的关键影响因素进行补充，最终确定针对某城市或地区的基于云端互动的现代服务业发展的关键影响因素。

（5）基于云端互动的现代服务业发展路径的选择方法。针对基于云端互动的现代服务业发展路径选择问题，绘制出现代服务业发展路径选择的关键影响因素相互作用的适应度景观图，并据此给出基于 NK 模型的现代服务业发展最优路径的生成及优选方法。具体地，首先由基于云端互动的现代服务业发展的关键影响因素可以确定 NK 模型中的参数 N，然后通过对各关键影响因素的关联性分析得到参数 K，并据此进行关键影响因素决策选项集合以及适应度分析，在此基础上生成基于云端互动的现代服务业发展的适应度景观图，最终确定基于云端互动的现代服务业发展的最优路径。

（6）基于云端互动的沈阳市现代服务业发展路径选择的应用研究。针对沈阳市的现代服务业发展路径选择问题，尝试展开基于云端互动的沈阳市现代服务业发展路径选择的应用研究。具体地，首先介绍了沈阳市经济发展的基本概况、其现代服务业发展中现存在的问题分析和基于云端互动发展现代服务业的必要性，然后在阐明了沈阳市现代服务业发展路径选择的实际背景后，给出了基于云端互动的沈阳市现代服务业发展路径选择问题的描述，在此基础上，依据本书给出的方法确定了基于云端互动的沈阳市现代服务业发展的关键影响因素，在对其关键影响因素进行修正和补充后，进而给出了基于 NK 模型的沈阳市现代服务业发展路径的生成与优选，最后给出了计算结果的相关分析。

本书提出的基于云端互动的现代服务业发展路径的选择方法，可应用到现实中解决不同城市或地区的基于云端互动的现代服务业发展路径选择问题。本书的研究工作和取得的研究成果为针对基于云端互动的现代服务业发展路径的选择研究提供了理论方法层面和实际应用层面的借鉴和参考，并为相关研究的扩展与应用奠定了坚实的基础。

在本书的撰写过程中，得到了许多专家、学者的帮助和指导，使本书涉及的研究工作能够顺利开展并最终完成，这里一并表示感谢！此外，本书涉及的研究工作得到了 2021 年度沈阳市哲学社会科学专项资金资助（项目编号：SY202107Z）。

本书的一些内容仅是探索性的研究成果，由于作者水平有限，书中的观点有许多是不成熟的，许多提法和叙述难免有不妥以及疏漏之处，恳请学术同行以及政府、企业管理界人士能够给予多方面的批评指正。

刘凯宁
2023 年 3 月于沈阳

目　录

i

第 1 章

绪 论

1.1 研 究 背 景

城市或地区的现代服务业发展路径选择问题是一个值得关注的重要研究问题,其对城市或地区的经济增长以及经济结构的调整均具有重要的现实意义。本节将阐述基于云端互动的现代服务业发展路径选择的研究背景。

1.1.1 基于云端互动发展现代服务业助推经济高质量发展

近年来,我国数字经济快速发展,特别是 2020 年的新冠肺炎疫情冲击下,传统的实体经济与数字技术的碰撞加速了现代服务业的数字化发展,产生了如直播电商、在线教育、互联网医疗、远程办公、无接触贷款、数字化治理、"虚拟"产业园和产业集群、"无人经济"等新业态、新模式。2020 年 4 月国家发展改革委联合中央网信办印发《关于推进"上云用数赋智"行动,培育新经济发展实施方案》[1]。方案指出,须大力培育数字经济新业态、新模式,深入推进企业数字化转型,打造数据供应链,以数据流引领物资流、人才流、技术流、资金流,形成产业链上下游和跨行业融合的数字化生态体系。

基于云端互动的现代服务业发展路径选择问题是指城市或地区在逐步发展其现代服务业过程中，依据其自身经济发展现状，积极推进数字化转型，运用互联网、大数据、云计算等新技术，鼓励现代服务业以新业态、基于云端互动的新模式健康发展，从而选择其最合适的长期发展道路，其描述了城市或地区现代服务业发展的最优实施步骤。基于云端互动发展现代服务业助推城市或地区的经济高质量发展，这主要体现在以下三个方面。

（1）促进产业链高效协同。数字技术的不断发展加速了物流、信息流等资源在供应链企业间流动，行业间和跨行业的协作能够进一步实现价值链的优化和组合，数据的开放与共享，以及"云端互动"使得企业间、产业间以数据为驱动、以平台为支撑，推动生产、服务、消费等各环节协同作业，推动传统的业务流程与新业态、新模式不断融合。核心企业将发挥产业链整合优势，依托数字化平台进一步促进全渠道供需调配和精准对接，核心企业在实现供应链向上向下一体化的同时，也引导其他企业上平台、用数据、变模式、转业务，逐步实现产业链高效率协同。

（2）提升产业竞争力。城市或地区积极推进企业间、产业间"云端互动"是提升产业竞争力，推动经济高质量发展的必然要求。大力发展现代服务业，在区域一体化战略引导下，加快5G、人工智能、大数据中心、工业互联网等新型基础设施建设，推动传统产业与其融合发展，力求打造集约高效、智能绿色的现代化基础设施体系。将"数字基建"纵深推进，补充、优化、延伸打造具有区域特色的数字产业链，构建梯次分明，分工明确、相互衔接、具有国际竞争力的数字产业集群提供坚实基础。

（3）推动智慧城市建设。城市或地区服务业的传统业态在与信息技术深度融合后，不断催生新的业态，也深刻改变着人们的思维方式、生活理念和生产方式。现代服务业的"云端互动"推动着城市治理方式的"云"化，全面优化城市或地区的资源配置，不断提高城市或地区运行的质量和效率，逐步迈向惠民、兴业、善政、宜居的智慧城市，实现城市或地区的可持续发展。

综上所述，现代服务业的发展程度是城市或地区现代化水平的重要标志，培育壮大现代服务业数字化、智能化发展，能够助推城市或地区的经济高质量发展。企业间、产业间应进一步加强"云端互动",鼓励业态创新与模式创新不仅能够深化资源共享,优化区域产业空间结构,还能够在降低运维成本的同时提高企业的灵活性,更好地应对市场竞争,更完善地服务消费者。因此,基于云端互动发展城市或地区的现代服务业对促进产业链高效协同、提升产业竞争力、推动智慧城市建设起着至关重要的作用,助推城市或地区的经济高质量发展。

1.1.2 现代服务业发展路径选择问题研究近年来备受关注

"现代服务业"最早被国外学者称为"先进服务业""新兴服务业""知识密集型服务业",学术界最初将其作为研究主题起源于 1962 年弗里茨·马克卢普的《美国的知识生产与分配》[2]。20 世纪 90 年代,国外学者们对现代服务业的研究主要集中在现代服务业的区位空间研究[3,4]、现代服务业与其他产业的关联研究[5]、现代服务业发展的影响因素研究[6~10]、现代服务业的集群研究[11]。国内学者对现代服务业的研究起步较晚,但随着我国现代服务业的飞速发展,有关现代服务业研究的文献逐渐丰富起来,主要围绕现代服务业的演变及发展现状研究[12]、现代服务业的集聚研究[13~15]、现代服务业的发展与产业结构的影响研究[16]、现代服务业发展的影响因素研究[17,18]、现代服务业与其他产业融合发展研究[19,20]以及现代服务业发展的评价研究[21]等。特别是近几年,学者们高度重视现代服务业的发展路径研究[22,23],这是因为选择适合的现代服务业发展路径可以有效促进产业链高效协同、提升产业竞争力、推动智慧城市建设,助推城市或地区的经济高质量发展。

现代服务业是为了适应现代化城市或地区的发展需要而产生和发展起来的,是具有高技术含量和高文化含量的服务业。同时,现代服务业是衡量一个国家、城市或地区经济发展的主要标志之一[24],而我国产业结构优化升级的战略重点之一是发展现代服务业。目前,国内学者有关现代服务业发展的影响因素及路径选择问题的研究主要是针对某一城市或地区的具体研究[12,24~27],而现实中许多城市和地区也都在积极探索适合其自身发展的现代服务业发展路径。由于选择适合的现代服务业发展路径是城市或地区经济发展的重要举措之一，因此针对现代服务业发展路径选择理论与方法的研究具有重要的现实意义，也是近年来学者们需要关注的重要研究课题。

针对现代服务业发展的影响因素及路径选择理论与方法的研究，近年来可以看到一些相关研究，不难看出，国内学者通过采用定性或定性与定量相结合的研究方法对其进行了有针对性的研究，这些方法涉及主成分分析方法（PCA）[12,22,28]、Logistic 模型分析方法[29,30]、容量耦合系数模型[31,32]、灰色关联模型分析法[33]、DBSCAN 聚类算法[34]、层次分析方法（AHP）[21] 和 TOPSIS 方法[21] 等。

综上所述，已有文献表明，关于现代服务业发展的影响因素及路径选择问题的研究，不仅是企业界，还是学术界，都是值得关注的重要研究课题。

1.1.3 研究基于云端互动的现代服务业发展路径的必要性

当前，以大数据、云计算、人工智能为代表的数字技术仍在逐渐渗透人们的生活，新技术、新业态、新模式蓬勃兴起，网上购物、在线教育、远程医疗等为城市或地区的经济发展提供了新路径。企业上云，是指企业以互联网为基础进行信息化基础设施、管理、业务等方面应用，并通过互联网、云计算等新技术手段连接社会化资源、共享服务及能力的过程。"云端互动"是指企业间利用云计算、大数据等新技术实现资源共享、信息共享，企业间、产业间、甚至跨行业间的"云端互动"，能够促进信息技术与实体经济的深度融合，赋能传统产业升级，催生新产业、新业态、新模式，不断壮大数字经济蓬勃发展。

2019 年 10 月 12 日，根据国务院发展研究中心国际技术经济研究所发布的《中国云计算产业发展与应用白皮书》预测，2023 年，我国云计算产业规模将超过 3000 亿元人民币，其中政府与企业的上云率将超过 60%。因此，小到居家出行，大到政务工作，"云端互动"必不可少。

显然，加强"云端互动"能够进一步推动城市或地区数字经济的发展，数字经济的概念是经济学之父——加拿大学者唐·塔普斯科特于 1996 年最先提出的，数字经济是人类通过对大数据（数字化的形式与信息）的识别、选择、过滤、存储、使用，从而引导、实现资源的快速优化配置与再生、实现经济高质量发展的经济形态。因此，城市或地区大力发展基于云端互动的现代服务业的重要性体现在以下两个方面：

第一，基于云端互动的现代服务业发展助力城市或地区的经济发展。现代服务业具有高聚集性、高收益性等传统服务业不具备的特征和优势，与时俱进地发展现代服务业，对产业结构升级转换发挥导向作用，有利于带动其他相关产业发展，拉动经济新一轮增长。因此，大力发展现代服务业，努力打造新的经济增长点，连接各产业上下游企业，能够带动整个产业链的升级和发展，从而助推经城市或地区的经济发展。

第二，基于云端互动的现代服务业发展符合新发展理念。在 2016 年 G20 的杭州峰会上，我国首次提出了全球数字经济的发展理念，数字经济于 2017 年第一次在中国政府工作报告里出现，2018 年后，我国政府工作报告中多次提到数字经济、互联网＋、信息化等。大数据、云计算、区块链等新技术迅猛发展并应用到生产生活等各个领域，给经济带来了"数字蝶变"。全国各城市或地区纷纷加快推进现代服务业数字化转型，促进传统服务业的产业新升级，因此，数字经济在促进产业向智能化转型升级，助力产业升级发展的同时，也给市场经济中越来越多的机构和从业者带来数字化便利，因此，传统产业嫁接了新技术，带来了新业态、新模式、新产业。这对于推动城市或地区产业转型升级、实现经济供给需求平衡、提升经济快速高质量增长、增进社会进步具有重要作用。

综上所述，深入研究基于云端互动的现代服务业发展路径选择的必要性主要体现在以下两个方面：

（1）发展或完善有关基于云端互动的现代服务业发展路径选择的理论与方法。通常，基于云端互动的现代服务业发展路径选择问题涉及诸多环节和多个决策问题，每个环节的决策问题都有其自身的特点与特征，如何有效、合理地解决基于云端互动的现代服务业发展路径选择中的若干决策问题是解决基于云端互动的现代服务业发展路径选择问题的关键。目前，关于现代服务业发展路径选择问题的方法研究虽然已经引起了学者们的广泛关注，但是已有的研究成果尚存在不足之处，主要体现在以下三个方面：第一，关于现代服务业发展路径选择方法的研究仍有许多问题值得进一步补充和完善，已有的研究缺少较为系统性的研究和具有操作性的基于云端互动的现代服务业发展路径选择的理论研究框架；第二，针对现代服务业发展路径选择中所涉及的若干决策问题，尚未进行科学的提炼和分类，例如，基于云端互动的现代服务业发展的影响因素筛选问题、基于云端互动的现代服务业发展的关键影响因素识别、基于云端互动的关键影响因素的修正与补充、基于云端互动的现代服务业发展路径选择问题等等。上述问题尚未进行系统地研究，且具有针对性的研究成果尚不多见；第三，已有的关于现代服务业发展路径选择问题的方法研究中，大多针对某一城市或地区展开实证研究，且有关诸多现代服务业发展影响因素之间相互作用、相互影响的研究比较匮乏。因此，有关基于云端互动的现代服务业发展路径选择的研究仍需要进一步的探索和深入的研究。

（2）促进基于云端互动的现代服务业发展路径选择的应用研究。现实中，现代服务业发展路径选择的实际应用背景非常广泛，有必要针对某城市或地区进行基于云端互动的现代服务业发展路径选择问题的应用研究。例如，针对现实中某城市或地区经济发展的实际情况，结合其现代服务业发展现状，应该重点分析哪些影响因素，如何筛选出基于云端互动的现代服务业发展的影响因素，如何确定基于云端互动的现代服务业发展路径选择的关键影响因素，如何进行基于云端互动的关键影响因素的修正与补充，如何进行现代服务业发展路径的生成与优选，等等，诸如此类的问题是值得关注的，相应的决策分析方法也具有很强的可扩展性。因此，需要针对基于云端互动的现代服务业发展路径选择的每个决策分析问题进行深入的研究，以便于解决现实中城市或地区的现代服务业发展路径选择问题，为管理者或决策分析者提供可以借鉴的方法，指导他（她）们有效地进行某城市或地区的基于云端互动的现代服务业的发展路径选择，与此同时，验证本研究提出方法的实用性和有效性，从而为该决策分析方法的进一步扩展与应用奠定坚实的基础。

1.2 问题的提出

现代服务业发展路径选择问题具有广泛的实际背景，考虑到已有的相关研究成果的不足之处和当前数字经济的发展态势，需要基于云端互动对现代服务业的发展路径选择问题进行深入研究，通过研究提出或建立基于云端互动的现代服务业发展路径选择的新概念、新理论和新方法。本节将阐述本书需要重点关注并研究的若干问题，具体包括：基于云端互动的现代服务业发展路径选择的研究框架、基于云端互动的现代服务业发展的影响因素筛选、基于云端互动的现代服务业发展的关键影响因素识别、基于云端互动的现代服务业关键影响因素的修正与补充以及基于云端互动的现代服务业发展路径选择。

1.2.1 基于云端互动的现代服务业发展路径选择的研究框架

针对基于云端互动的现代服务业发展路径选择问题的研究，首先需要给出针对该问题的研究框架，并以该框架为指导，进行深入有针对性的方法研究和应用研究。

现代服务业是衡量城市或地区经济发展水平的重要标志，大力发展城市或地区的现代服务业是推动经济高质量发展的重要引擎。随着新一轮科技革命的飞速发展，智能化、信息化、数字化活动与传统经济活动相互碰撞、相互渗透、融合发展，数字经济的发展为城市现代服务业的发展带来了诸多机遇。因此，基于云端互动来发展城市或地区的现代服务业是一个重要研究思路，然而，针对基于云端互动的现代服务业的发展路径选择问题，究竟如何基于"云端互动"来进一步发展城市或地区的现代服务业，如何对城市或地区的现代服务业发展的影响因素进行筛选，如何识别出那些发挥重要作用的关键影响因素，如何对关键影响因素进行修正和补充，如何生成城市或地区的现代服务业发展路径并进行优选，这需要有针对性地给出基于云端互动的现代服务业发展路径选择方法，而关于这方面尚未见到系统性的研究，因此需要进一步深入研究。

本书研究重点关注的是基于云端互动的现代服务业发展路径选择问题，如何针对该问题给出一般性的描述并给出相应的研究框架是首先需要特别关注的。基于云端互动的现代服务业发展路径选择的研究框架应该包括哪些内容，依据该研究框架进行现代服务业发展路径选择和已有研究成果的方法与思路有哪些相同和不同之处，针对基于云端互动的现代服务业发展路径选择方法研究的关键是什么。上述问题对开展基于云端互动的现代服务业发展路径选择方法的研究十分重要，有必要针对这些问题进行深入的研究。

针对上述问题的研究，可以形成后续基于云端互动的现代服务业发展路径选择方法研究所遵循的基本理论和指导框架，也可以为基于云端互动的现代服务业发展路径选择方法的研究奠定重要的理论基础。

1.2.2 基于云端互动的现代服务业发展的影响因素筛选

针对基于云端互动的现代服务发展的影响因素筛选问题，通常需要针对已有的相关文献进行梳理，并综合考虑学者们在不同研究中的研究结论，筛选出那些影响基于云端互动的现代服务业的发展因素，究竟如何对相关文献进行有效梳理，这就需要管理者或决策分析者能够运用科学、有效的方法筛选出影响城市或地区现代服务业发展的因素。因此，如何科学、有效地筛选出基于云端互动的现代服务业发展的影响因素是一个值得关注的重要研究问题。

目前，关于基于云端互动的现代服务业发展的影响因素筛选问题的研究尚不多见，仅能看到一些相关研究[27,29,34~37]，例如，费希尔（Fisher）[35]、克拉克（Clark）[36]、孙永波和甄圆圆[37]、李红[29]、穆克瑞[27]、李江苏等[34]都对现代服务业发展的相关影响因素进行了研究，但需要指出的是，已有的相关研究成果尚存在不足之处，例如，已有研究大多针对某一城市或地区进行现代服务业发展的影响因素分析，且缺乏科学、有效的方法进行从云端互动的视角来研究现代服务业发展的影响因素的筛选，基于此，需要进一步开展基于云端互动的现代服务业发展的影响因素筛选问题的研究。

1.2.3 基于云端互动的现代服务业发展的关键影响因素识别

现实中，城市或地区之间的内部环境和外部环境存在差异，已有研究表明：现代服务业的发展会受到其所在环境因素的影响。因此，针对不同城市或地区所处环境的不同，其经济发展的情况不同，现代服务业发展的所处阶段不同，诸多影响因素在基于云端互动的现代服务业发展过程中的影响作用也不尽相同，因此，管理者或决策分析者应依据各影响因素发挥作用的大小，对前文筛选出的影响因素的重要性进行综合的判断和分析，从而识别出那些在"云端互动"中，对现代服务业的发展影响较大的因素，将其视为基于云端互动的现代服务业发展的关键影响因素。这就需要管理者或决策分析者能够运用科学、有效的方法识别出那些在基于云端互动的现代服务业发展过程中发挥重要作用的关键影响因素。因此，如何科学、有效地识别出基于云端互动的现代服务业发展的关键影响因素是一个值得关注的重要研究问题。

目前，关于基于云端互动的现代服务业发展的关键影响因素的研究尚不多见，仅看到一些相关研究，例如，史曼菲[21]、程毛林和韩云[38]均指出了针对某城市或地区的现代服务业发展的研究可以首先考虑关键影响因素或主要影响因素的识别问题进而展开研究，但需要指出的是，已有的相关研究成果尚存在不足之处，例如，已有的相关研究成果却尚未考虑关键影响因素之间的相互关联、相互影响的情形[21,38]。基于此，需要进一步开展基于云端互动的现代服务业发展的关键影响因素识别问题的研究。

1.2.4 基于云端互动的现代服务业发展的关键影响因素的修正与补充

基于云端互动的现代服务业发展的关键影响因素的识别，通常会受到实际条件以及实际情况的限制和影响，例如，研究条件或研究手段的限制、目标城市或地区的环境发生变化等等，因此将上文所述方法得到的关键影响因素直接用于解决当前目标城市或地区的基于云端互动的现代服务业发展路径选择问题，难免会有一些不适应性。为此，就需要管理者或决策分析者依据目标城市或地区的实际情况对其进行适当的修正和补充，为后续的基于云端互动的现代服务业发展路径的生成与优选奠定基础。因此，如何考虑某城市或地区的实际情况和经济发展状况对基于云端互动的现代服务业发展的关键影响因素进行修正和补充，是一个值得关注的研究问题，有必要作进一步探索和深入的研究。

目前，关于基于云端互动的现代服务业发展的关键影响因素的修正与补充的研究尚不多见，只能看到一些相关研究，已有研究指出，可以聘请相关领域的专家采用德尔菲方法按照某城市或地区的实际情况和经济发展状况进行适用性分析与判断[39~43]，但究竟如何对现代服务业发展的关键影响因素的适用性进行判断，基于何种原则和策略对其进行修正和补充，是一个值得关注的研究问题。

1.2.5　基于云端互动的现代服务业发展路径选择

由前文可知，基于云端互动的现代服务业发展路径选择是指某城市或地区在逐步发展其现代服务业过程中，依据其自身经济发展的现状，积极推进现代服务企业数字化转型，并运用互联网、大数据、云计算等新技术，鼓励现代服务业新业态、新模式的健康发展，从而选择其最合适的长期发展道路。

简言之，选择适合的现代服务业发展路径能够指导管理者或决策分析者如何选择更有效的方式来发展某城市或地区的现代服务业，从而更有效地实现经济增长[44]。如何采用可行的决策分析方法来解决基于云端互动的现代服务业的发展路径选择问题是学术界值得关注的研究课题，对此研究具有重要的理论价值和现实意义。

目前，可以看到一些有关现代服务业发展路径选择的相关成果，但是尚未形成具有代表性的研究成果，且已有研究并未基于云端互动的视角来研究现代服务业的发展路径选择。针对基于云端互动的现代服务业发展路径选择问题，并考虑企业间、产业间的"云端互动"与融合发展下的诸多影响因素的相互作用，拟将某城市或地区基于云端互动发展其现代服务业视为复杂适应系统，可以借鉴考夫曼（Kauffman）[45]提出的 NK 模型理论，通过采用计算机仿真方法给出一种基于 NK 模型的现代服务业发展路径的选择方法。已有的关于 NK 模型的研究成果对本研究针对基于云端互动的现代服务业发展路径选择的研究提供了丰富的理论与方法支撑。但如何对前文识别出的现代服务业发展的关键影响因素间的相互影响进行分析，如何对关键影响因素所形成的各种决策选项组合的适应度进行评价，如何绘制适应度景观图，以及如何基于 NK 模型理论最终选出某城市或地区现代服务业发展的最优发展路径是值得关注的研究问题。

1.3　研究目标与研究意义

本书旨在对基于云端互动的现代服务业发展路径选择方法进行研究。在研究过程中遵循由浅入深、由易到难、循序渐进、由理论到实践的思路。本节将给出本书的研究目标与研究意义。

1.3.1　研究目标

针对第 1.2 节提出的研究问题，确定本书研究的总体目标为：通过对基于云端互动的现代服务业发展路径选择问题的提炼和归纳，以及对国内外相关研究成果的总结与分析，明确本书的研究方向，形成科学的、有价值的、系统的研究框架和具体的研究问题，进而展开研究并提出具体的、有针对性的基于云端互动的现代服务业发展路径的选择方法。关于基于云端互动的现代服务业发展路径选择方法的具体研究目标说明如下：

（1）在理论研究层面，通过对基于云端互动的现代服务业发展路径选择问题的提炼和归纳，以及国内外相关研究成果的梳理、总结与分析，给出基于云端互动的现代服务业发展路径选择方法的研究框架，为进一步深入探讨针对该框架下的研究问题以及实际应用奠定理论基础，并为基于云端互动的现代服务业发展路径选择方法的系统性研究提供方向指导。

（2）在方法研究层面，依据基于云端互动的现代服务业发展路径选择方法的研究框架，提出有针对性的基于云端互动的现代服务业发展路径选择方法。具体地，提出基于文献计量分析的现代服务业发展的影响因素筛选方法、基于 DEMATEL 方法的现代服务业发展的关键影响因素识别方法、基于群体专家评价的关键影响因素的修正与补充，以及基于 NK 模型的现代服务业发展的最优路径的生成与优选方法。

（3）在应用研究层面，围绕现实中的基于云端互动的现代服务业发展路径选择方法问题，以沈阳市为例，给出基于云端互动的沈阳市现代服务业发展路径选择的应用研究，验证提出的方法的可行性、有效性和实用性。

1.3.2　研究意义

关于基于云端互动的现代服务业发展路径选择方法的研究，是一个具有前沿性、实用性的重要研究课题。对于解决现实中广泛存在的现代服务业发展路径选择问题，进一步完善现代服务业发展路径选择的理论与方法，建立较为系统的现代服务业发展路径选择的理论与方法体系是十分必要的，具有重要的理论与实际意义。具体研究意义体现在以下三个方面：

（1）对于解决基于云端互动的现代服务业发展路径选择方法具有理论指导意义。已有的针对现代服务业发展路径的研究成果缺乏从"云端互动"的视角来研究现代服务业发展路径选择问题，并且尚未给出具有可操作性的现代服务业发展路径选择问题的研究框架；同时，在现代服务业发展路径选择中有关其关键影响因素之间相互影响的研究比较匮乏。本书针对已有研究的薄弱之处，尝试基于云端互动来研究现代服务业发展路径的选择问题，并针对现代服务业发展路径选择问题给出具有可操作性的研究框架。对于解决基于云端互动的现代服务业发展路径选择问题具有理论指导意义，可为现代服务业发展路径选择的理论方法体系的形成与发展奠定基础。

（2）对于丰富和完善现代服务业发展路径选择方法体系具有重要意义。关于现代服务业发展路径选择方法的研究，已有的研究成果针对如何进行现代服务业发展的路径选择提供了有价值的思路和方法支撑，但具有代表性的研究成果尚不多见。本书针对已有研究的薄弱之处，吸收已有研究成果的优势之处，提出基于文献计量分析的现代服务业发展的影响因素的筛选方法、基于 DEMATEL 方法的现代服务业发展的关键影响因素识别方法、基于群体专家评价的现代服务业发展的关键影响因素的修正与补充方法以及基于 NK 模型的现代服务业发展路径选择方法等一系列解决基于云端互动的现代服务业发展路径选择问题的决策分析方法，对于丰富和完善现代服务业发展路径选择方法体系具有重要意义。

（3）对于解决现实中的基于云端互动的现代服务业发展路径选择问题具有实际应用价值。现实中的城市或地区存在大量的现代服务业发展路径选择问题，如何采用可行、有效的方法去进行城市或地区的现代服务业发展路径选择，是现实中的管理者或决策分析者所需要关注的。本书以沈阳市为例，进行基于云端互动的沈阳市现代服务业发展路径选择方法的应用研究，能够在实际应用或管理决策实践中解决管理者或决策分析者面临的城市或地区的现代服务业发展路径选择问题，提供坚实的、科学的理论方法支撑，也为解决现实中大量存在的城市或地区的现代服务业发展路径选择问题提供具体的、可操作的方法，具有重要的实际应用价值。

1.4 研究内容、研究思路与研究方案

本节在对研究问题分析的基础上，依据研究目标，分别给出关于基于云端互动的现代服务业发展路径选择方法的研究内容、研究思路与研究方案。

1.4.1 研究内容

依据本书第 1.3 节中阐述的研究目标，确定关于基于云端互动的现代服务业发展路径选择方法的研究内容，具体如下：

（1）基于云端互动的现代服务业发展路径选择的概念界定、理论基础及研究框架。通过分析和梳理现有的关于现代服务业发展路径选择的相关研究成果，以及在明确现代服务业发展路径选择的相关概念和理论的基础上，给出基于云端互动的现代服务业发展路径选择的问题描述，对基于云端互动的现代服务业发展路径选择中所涉及的决策分析问题进行提炼和分类，并据此确定本书着重解决的问题为基于云端互动的现代服务业发展的影响因素筛选方法、基于云端互动的现代服务业发展的关键影响因素的识别方法、基于云端互动的现代服务业发展的关键影响因素修正与补充，以及基于云端互动的现代服务业发展路径的生成与优选方法，并给出相应的研究框架以及其相关说明。

（2）基于云端互动的现代服务业发展的影响因素筛选方法。针对基于云端互动的现代服务业发展的影响因素的筛选问题，提出基于文献计量分析的现代服务业发展的影响因素筛选方法。具体地，通过对已有的现代服务业发展的影响因素的相关文献分析与梳理，并综合考虑不同学者们在不同的研究中给出的城市或地区现代服务业发展的影响因素，采用文献计量方法对基于云端互动的现代服务业发展的影响因素进行筛选。

（3）基于云端互动的现代服务业发展的关键影响因素的识别方法。针对基于云端互动的现代服务业发展的关键影响因素识别问题，提出基于 DEMA-TEL 方法的现代服务业发展的关键影响因素识别方法。具体地，在城市或地区基于云端互动的现代服务业的发展过程中，各影响因素之间可能会有直接或者间接的互相关联、互相影响的情形，在考虑各影响因素之间关联关系的情形，给出基于 DEMATEL 方法的现代服务业关键影响因素的识别方法。

（4）基于云端互动的现代服务业发展的关键影响因素的修正与补充。针对基于云端互动的现代服务业发展的关键影响因素修正与补充问题，分别提出基于云端互动的现代服务业发展的关键影响因素的修正原则与修正策略和关键影响因素的补充原则与补充策略。具体地，首先给出基于云端互动的现代服务业发展的关键影响因素的修正原则与修正策略，然后针对现实中城市或地区的具体情况，采用德尔菲法将上一章识别出的基于云端互动的现代服务业发展的关键影响因素进行修正。在此基础上，给出基于云端互动的现代服务业发展的关键影响因素的补充原则与补充策略，采用头脑风暴法对基于云端互动的现代服务业发展的关键影响因素进行补充，最终确定针对某城市或地区的基于云端互动的现代服务业发展的关键影响因素。

（5）基于云端互动的现代服务业发展路径选择方法。针对基于云端互动的现代服务业发展路径选择问题，绘制出现代服务业发展路径选择的关键影响因素相互作用的适应度景观图，并据此给出基于 NK 模型的现代服务业发展最优路径的生成及优选方法。具体地，首先由基于云端互动的现代服务业发展的关键影响因素可以确定 NK 模型中的参数 N，然后通过对各关键影响因素的关联性分析得到参数 K，并据此进行关键影响因素决策选项集合以及适应度分析，在此基础上生成基于云端互动的现代服务业发展的适应度景观图，最终确定基于云端互动的现代服务业发展的最优路径。

（6）基于云端互动的沈阳市现代服务业发展路径选择的应用研究。针对沈阳市经济发展的基本概况和沈阳市现代服务业发展的实际情况，对沈阳市现代服务业发展中现存在的问题进行分析，并阐明沈阳市基于云端互动发展现代服务业的必要性，依据本书提出的基于云端互动的现代服务业发展路径选择方法进行应用研究，验证所提出的方法的可行性、有效性和实用性。

1.4.2　研究思路

在本书中，按照"明晰研究问题—提出研究框架—给出基于云端互动的现代服务业发展路径选择方法—开展应用研究"的总体研究思路，对基于云端互动的现代服务业发展路径的选择方法进行系统、深入的研究，基本研究思路如图 1.1 所示。

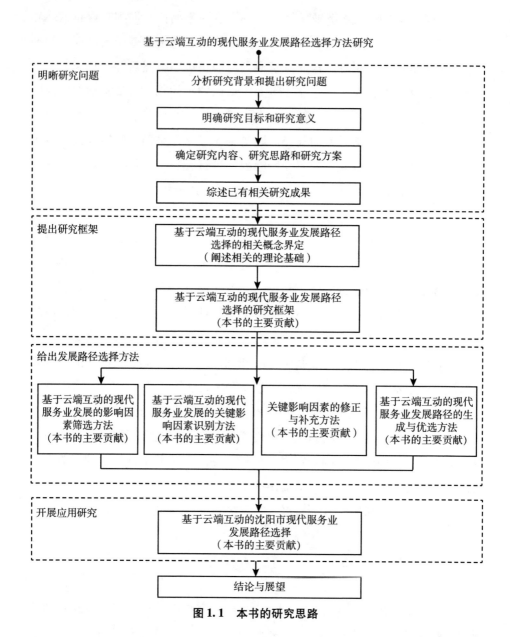

图 1.1　本书的研究思路

下面对图 1.1 所示的内容做详细的说明。

（1）针对现实中广泛存在的城市或地区的现代服务业发展路径选择问题进行分析，结合近年来国内外学者在有关现代服务业发展路径选择研究方面取得的相关研究成果，提炼出具有科学价值的基于云端互动的现代服务业发展路径选择问题。

（2）针对基于云端互动的现代服务业发展路径选择方法研究，结合研究背景和已有相关研究进展，明确研究目标及研究意义。

（3）针对研究目标，进一步确定具体的研究内容、研究思路以及研究方案。

（4）针对研究内容，进行相关研究成果的总结与梳理，对相关研究成果的贡献与不足之处加以总结，并进一步分析已有相关成果对本书研究问题的启示，从而为本书后续的研究工作奠定理论基础。

（5）在对相关研究成果进行综述的基础上，明确基于云端互动的现代服务业发展路径选择的相关概念及理论基础，给出基于云端互动的现代服务业发展路径选择问题的一般性描述，进而针对基于云端互动的现代服务业发展路径选择问题给出具有针对性的研究框架，形成本书的基础理论框架。

（6）依据基于云端互动的现代服务业发展路径选择问题的研究框架，分别展开针对基于云端互动的现代服务业发展的影响因素的筛选方法、基于云端互动的现代服务业发展的关键影响因素的识别方法、基于云端互动的现代服务业发展的关键影响因素的修正与补充方法以及基于云端互动的现代服务业发展路径选择方法的研究，分别提出具有针对性的决策分析方法。

（7）针对沈阳市现代服务业发展路径选择问题，尝试展开基于云端互动的沈阳市现代服务业发展路径选择的应用研究。

（8）总结本书的主要成果及结论、主要贡献，指出本研究尚存在的局限，并对未来将要开展的研究工作进行展望。

1.4.3　研究方案

在本书展示的研究工作中，针对不同的研究内容将采用不同的研究方法，采用的研究方法主要包括：德尔菲法、头脑风暴法、群体专家评价方法、文献计量方法、归纳逻辑方法、系统分析方法、多准则/属性决策方法、统计分析方法、计算机仿真方法等等，具体说明如下：

（1）针对基于云端互动的现代服务业发展路径选择的研究框架，主要采用文献分析方法、归纳逻辑方法和系统分析方法等。

（2）针对基于文献计量分析的现代服务业发展的影响因素筛选方法研究，主要采用文献计量方法、归纳逻辑方法等。

（3）针对基于 DEMATEL 方法的现代服务业发展的关键影响因素识别方法研究，主要采用多准则/属性决策方法、统计分析方法、群体专家评价方法等。

（4）针对基于群体专家评价的现代服务业发展的关键影响因素的修正与补充方法研究，主要采用统计分析方法、群体专家评价方法、头脑风暴法、德尔菲法等。

（5）针对基于 NK 模型的现代服务业发展路径生成及优选方法研究，主要采用群体专家评价方法、统计分析方法、多准则/属性决策方法、计算机仿真方法等。

（6）针对基于云端互动的沈阳市现代服务业发展路径选择，主要采用多准则/属性决策方法、计算机仿真方法、群体专家评价方法、统计分析方法等。

基于上述内容，给出本书的技术路线，如图 1.2 所示，图中具体描述了本书所关注的基于云端互动的现代服务业发展路径选择方法的研究思路、研究问题、具体研究内容以及相关的理论与方法的支撑。

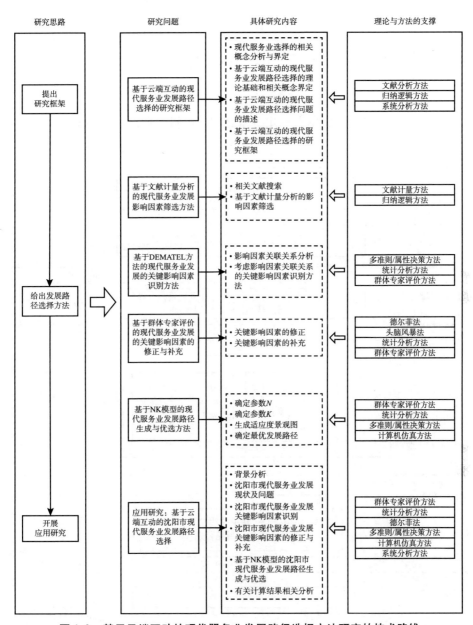

图 1.2 基于云端互动的现代服务业发展路径选择方法研究的技术路线

1.5　本书章节安排

本书共由 9 章构成，本节给出各章之间的逻辑关系，如图 1.3 所示。

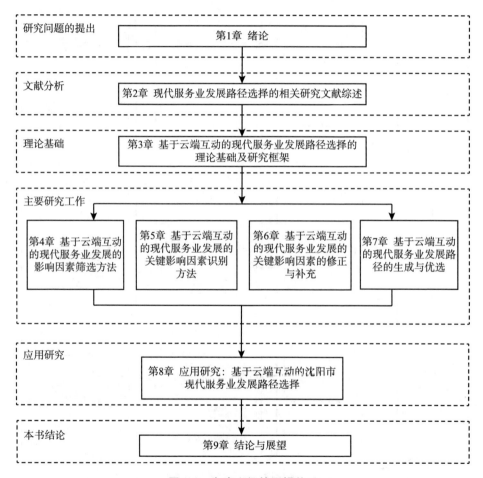

图 1.3　各章之间的逻辑关系

本书各章的具体内容阐述如下：

第 1 章，绪论。分别阐述本书的研究背景、问题提出、研究目标与研究意义，确定具体的研究内容、研究思路与研究方案，并给出本书的结构。

第 2 章，现代服务业发展路径选择的相关研究文献综述。首先对文献检索情况进行分析，然后针对现代服务业的相关概念、现代服务业发展的影响因素、现代服务业发展路径选择的含义及方法的相关文献进行综述，最后对已有文献的贡献与不足之处进行总结，进一步地，给出已有研究成果对本书研究的启示。

第 3 章，基于云端互动的现代服务业发展路径选择的理论基础及研究框架。明确本书研究所涉及的理论基础，并给出本书的研究框架，主要包括基于云端互动的现代服务业发展路径选择的相关概念分析与界定并阐述相关的理论基础，在此基础上，给出基于云端互动的现代服务业发展路径选择问题的学术思想及一般性描述，并给出基于云端互动的现代服务业发展路径选择的研究框架以及有关说明。

第 4 章，基于云端互动的现代服务业发展的影响因素筛选方法。针对基于云端互动的现代服务业影响因素筛选问题，给出基于文献计量分析的现代服务业发展影响因素筛选方法。

第 5 章，基于云端互动的现代服务业发展的关键影响因素识别方法。针对基于云端互动的现代服务业发展的关键影响因素的识别问题，分别给出影响因素的关联关系分析，并据此给出基于 DEMATEL 方法的关键影响因素识别方法。

第 6 章，基于云端互动的现代服务业发展的关键影响因素的修正与补充。针对关键影响因素的修正与补充问题，提出关键影响因素的修正原则与修正策略以及关键影响因素的补充原则与补充策略，并据此确定针对某城市或地区的基于云端互动的现代服务业发展的关键影响因素。

第 7 章，基于云端互动的现代服务业发展路径的生成与优选。针对基于云端互动的现代服务业发展路径的生成与优选问题，分别给出基于 NK 模型的现代服务业发展的适应度景观图生成方法和基于 NK 模型的现代服务业发展路径的选择方法。

第 8 章，应用研究：基于云端互动的沈阳市现代服务业发展路径选择。针对沈阳市现代服务业发展路径选择的现实背景，描述其现代服务业发展现状及当前存在的问题，明确基于云端互动的现代服务业发展路径选择的必要性，并依据本书提出的基于云端互动的现代服务业发展路径选择方法进行应用研究，验证所提出的方法的可行性、有效性和实用性。

第 9 章，结论与展望。总结并阐述本书的主要成果及结论、主要贡献，分析本书研究工作的局限，最后，对进一步的研究工作做出展望说明。

1.6　本书创新性工作说明

关于基于云端互动的现代服务业发展路径选择方法的探讨与研究，针对现有研究的薄弱之处，主要开展了以下几个方面的创新性工作。

（1）给出基于云端互动的现代服务业发展路径选择的研究框架。具体地，给出基于云端互动的现代服务业发展路径选择的相关概念界定，以及在基于云端互动的现代服务业发展路径选择问题的一般性描述，给出基于云端互动的现代服务业发展路径选择的研究框架，以及研究框架的有关说明。

（2）提出基于云端互动的现代服务业发展的影响因素筛选方法。具体地，对相关已有文献进行分析，给出基于文献计量分析的现代服务业发展的影响因素的筛选方法。

（3）提出基于云端互动的现代服务业发展的关键影响因素的识别方法。具体地，给出现代服务业发展的影响因素关联关系分析，并给出基于 DEMA-TEL 方法的现代服务业关键影响因素的识别方法。

（4）提出基于云端互动的现代服务业发展的关键影响因素的修正与补充方法。具体地，分别给出现代服务业关键影响因素的修正原则与修正策略以及现代服务业关键影响因素的补充原则与补充策略，并运用德尔菲法针对某城市或地区的实际发展状况对现代服务业的关键影响因素进行修正，运用头脑风暴法针对某城市或地区的实际发展状况对现代服务业的关键影响因素进行补充。

（5）提出基于云端互动的现代服务业发展路径选择方法。具体地，依据关键影响因素决策选项集合以及适应度分析，绘制出现代服务业发展路径选择的关键影响因素的适应度景观图，并据此给出基于 NK 模型的现代服务业发展最优路径的生成及优选方法。

（6）开展基于云端互动的沈阳市现代服务业发展路径选择的应用研究。具体地，围绕沈阳市现代服务业发展路径选择问题，阐明基于云端互动的沈阳市现代服务业发展路径选择的实际背景，给出沈阳市现代服务业发展路径选择的问题描述，并针对沈阳市自身发展的经济状况，确定其现代服务业发展的关键影响因素，并运用计算机仿真方法进行基于云端互动的沈阳市现代服务业发展路径生成及优选，并对计算结果进行相关分析。

1.7　数学符号及用语的说明

由于本书使用的符号、变量和参数较多，因此，在全书的撰写过程中，对每章各节中不同研究问题用到的参数和变量均重新定义。同一章节的同一研究问题中，表示各参数和变量的数学符号具有一致的含义，不同章节、不同研究问题之间的数学符号没有联系。

第 2 章
现代服务业发展路径选择的
相关研究文献综述

基于云端互动的现代服务业发展路径选择方法是一个具有大量现实背景的重要研究课题，其相关研究已经引起了国内外学者们的关注。目前，可以看到国内外许多学者从不同的视角对现代服务业的概念界定、现代服务业发展的影响因素、现代服务业发展路径选择的含义及方法进行了相关研究，并取得了阶段性研究成果，这些研究成果是本书后续研究工作的重要基础。同时，已有的关于现代服务业的概念界定、现代服务业发展的影响因素、现代服务业发展路径选择的含义及方法的相关研究中所涉及的理论与方法对于本书的研究亦具有很好的借鉴和参考价值。

本章针对现代服务业的概念界定、现代服务业发展的影响因素、现代服务业发展路径选择的含义及方法三个方面的研究，分别给出相关研究成果的文献综述。在文献检索时，以公开的国内外学术数据库为主要检索源。通过本章对基于云端互动的现代服务业发展路径选择方法的相关研究文献的综述与分析，总结目前关于现代服务业发展路径选择方法研究的主要贡献和不足之处，为本书后续章节研究工作的展开奠定基础。

2.1 文献检索情况概述

本节主要对基于云端互动的现代服务业发展路径选择方法的相关研究文献检索情况进行简要的介绍和说明，主要包括文献检索范围分析、相关文献情况分析和学术研究趋势分析三个方面。

2.1.1 文献检索范围分析

为了明确文献的综述范围，这里首先对现代服务业发展路径选择方法研究的发展历史和脉络进行分析，从而进一步地确定本书研究主题的范畴和所需的相关研究文献。自美国学者马克卢普（Marchlup）最早在其著作《美国的知识生产与分配》中首次提出了"先进服务业"的概念[46]，被视为近似"现代服务业"的概念[47,48]。此后，许多学者对其进行广泛研究。从已有研究来看，国外学者一般用"新兴服务业""生产性服务业""知识型服务业"等概念代称"现代服务业"[47,48]，而且在西方服务经济文献中并没有直接定义现代服务业的范畴[48]。国内学者对"现代服务业"的研究起步较晚，"现代服务业"的概念最早出现在 1997 年 9 月党的十五大报告中[47~50]，随后，"现代服务业"的概念及发展得到了国内学者们的广泛关注[47~50]。早期关于现代服务业的研究大多集中在对现代服务业的概念界定、现代服务业的特征及现代服务业的分类等方面。近年来，数字经济飞速发展，在此背景下我国如何大力发展现代服务业，如何积极推动企业上云，如何鼓励企业间、产业间"云端互动"，以及如何促进产业间的融合发展已经得到了学者们的高度重视[29,31,32]，学者们开始关注基于云端互动的现代服务业发展路径选择方面的研究。

目前，关于现代服务业发展路径选择的研究，已有文献大多是从现代服务业的相关概念界定、现代服务业发展的影响因素、现代服务业发展路径选择的含义及方法几个方面展开研究的。鉴于此，有必要对已有的研究成果进行缜密分析，对现代服务业发展路径选择中所涉及的决策分析问题进行进一步提炼和分类，并针对已有研究的薄弱之处，进一步深入研究基于云端互动的现代服务业发展路径选择方法，并给出具有示范作用的应用研究。

综上所述，与本书关注研究问题相关的文献主要包括以下三个方面：一是关于现代服务业的相关概念界定，包括现代服务业的概念、现代服务业的特征和现代服务业的分类等；二是关于现代服务业发展的影响因素；三是关于现代服务业发展路径选择的含义及方法，包括现代服务业发展路径选择的含义和现代服务业发展路径选择的方法等。基于上述分析，下面给出文献检索情况的概述。

2.1.2　相关文献情况分析

本书检索基于云端互动的现代服务业发展路径选择方面研究的相关文献的方式是采用主题名或关键词进行检索。具体地，在对中文期刊数据库进行检索时，以"现代服务业发展路径选择"（以及相近词语，如"新兴服务业发展路径选择""知识型服务业发展路径选择""知识密集型服务业发展路径选择"等）、"数字经济"和"云计算"为主题名或关键词进行检索；在对英文期刊进行检索时，以"emerging service industry development path selection""knowledge-based service industry development path selection""knowledge-intensive business services industry development path selection""digital economy""cloud computing"为主题名或关键词进行检索。本书以中国学术期刊网全文数据库（CNKI）、Elsevier Science（SienceDirect）全文数据库、IEL 全文数据库、Emerald 全文数据库、美国运筹与管理学会 Informs 平台（包括 12 种全文期刊）、Springer Link 全文数据库、Wiley InterScience 期刊数据库和 EBSCO 全文数据库作为检索源，进行了中英文文献检索。经检索，发现有许多国内外学者和学术团队从事该方面的研究，例如，马克卢普（Marchlup）、辛格曼（Singelman）和布朗宁（Browning）、霍克内斯（Hauknes）、穆勒（Muller）等、朱晓青、刘志彪、李江帆、来有为、郭会斌、安筱鹏、王志明、钟云燕、张赤东等，涉及的相关学术团队来自美国纽约大学、美国霍普金斯大学以及中国人民大学、中国科学院、中国电子信息产业发展研究院、东北大学、东北财经大学、辽宁大学等。涉及的国外重要期刊主要有：《技术预测与社会变革》（*Technological Forecasting and Social Change*）、《国际商业与金融研究》（*Research in International Business and Finance*）、《国际经济与金融评论》（*International Review of Economics & Finance*）、《专家系统与应用》（*Expert Systems with Applications*）、《商业研究期刊》（*Journal of Business Research*）等，涉及的国内重要期刊主要有：《统计与决策》《统计研究》《新华文摘》《预测》等。2002～2022 年中国学术期刊网全文数据库（CNKI）、Elsevier Science（SienceDirect）全文数据库、IEL 全文数据库、Emerald 全文数据库、Informs 期刊数据库、Springer Link 全文数据库、Wiley InterScience 期刊数据库和 EBSCO 全文数据库中检索到 577946 篇相关英文文献，中国学术期刊网全文数据库（CNKI）中检索到 29237 篇相关中文文献。由于在一些文献中，关于现代服务业发展路径选择的研究并不是文章的研究主题，所以，通过过滤与筛选，获取与基于云端互动的现代服务业发展路径选择研究主题有关的英文文献和中文文献分别有 168 篇和 269 篇。具体文献的检索源、检索词、检索条件、篇数、相关文献篇数和时间区间，如表 2.1 所示。

表 2.1 相关文献的检索情况

检索源	检索词	检索条件	篇数（篇）	相关文献篇数（篇）	时间
中国学术期刊全文数据库（CNKI）	现代服务业/知识型服务业/知识密集型服务业/新兴服务业发展路径选择、数字经济和云计算	篇名/主题/关键词	29237	269	2002～2022 年
Elsevier Science 全文数据库	emerging service/knowledge-based service/knowledge-intensive business services industry development path selection, cloud computing, digital economy	title/keywords/abstract	115362	37	2002～2022 年

续表

检索源	检索词	检索条件	篇数（篇）	相关文献篇数（篇）	时间
IEL 全文数据库	emerging service/knowledge-based service/knowledge-intensive business services industry development path selection, cloud computing, digital economy	title/keywords/abstract	78091	23	2002 ~ 2022 年
Emerald 全文数据库	emerging service/knowledge-based service/knowledge-intensive business services industry development path selection, cloud computing, digital economy	title/keywords/abstract	104569	34	2002 ~ 2022 年
Informs 期刊数据库	emerging service/knowledge-based service/knowledge-intensive business services industry development path selection, cloud computing, digital economy	title/keywords / abstract	8664	18	2002 ~ 2022 年
Springer Link 全文数据库	emerging service/knowledge-based service/knowledge-intensive business services industry development path selection, cloud computing, digital economy	title/keywords/abstract	83501	15	2002 ~ 2022 年
Wiley Inter-Science 期刊数据库	emerging service/knowledge-based service/knowledge-intensive business services industry development path selection, cloud computing, digital economy	title/keywords/abstract	66648	19	2002 ~ 2022 年
EBSCO 全文数据库	emerging service/knowledge-based service/knowledge-intensive business services industry development path selection, cloud computing, digital economy	title/keywords/abstract	121111	22	2002 ~ 2022 年
合计			607183	437	

通过对这些文献进行进一步浏览和分类，并根据研究需要，本章将针对关于现代服务业的相关概念界定、关于现代服务业发展的影响因素以及关于

现代服务业发展路径选择的含义及方法三个方面的研究进行文献的简要综述。

2.1.3 学术研究趋势分析

为了确定基于云端互动的现代服务业发展路径选择方法相关研究的研究趋势，笔者对国际期刊论文进行了检索，即利用 ISI Web of Knowledge 平台下的 Web of Science 数据库，分别以 "knowledge-based service industry and emerging service industry" "knowledge-based service industry and emerging service industry development path selection" "digital economy and cloud computing" 作为检索的本体词源进行了引文报告的创建和分析。

通过分析发现，2002～2022 年关于 "知识型服务业和新兴服务业"（现代服务业）、"知识型服务业和新兴服务业发展路径选择"（现代服务业发展路径选择）和 "数字经济和云计算" 三个主题的研究，每年出版的文献数量以及每年的引文数量都呈现出上升趋势，这说明了学术界关于这三个主题的研究均具有良好的国际关注度，且目前很多学者仍在开展相应的研究。

笔者还以中国学术期刊网全文数据库（CNKI）知识搜索中的 "学术趋势" 为分析工具，分别以 "现代服务业" "现代服务业发展路径选择" "数字经济和云计算" 为检索的本体词源进行了学术趋势分析。通过分析发现：2002～2022 年，关于 "现代服务业" "现代服务业发展路径选择" "数字经济和云计算" 的学术关注度，总体上均呈现出较大幅度的上升趋势，这说明了学术界关于这三个方面的研究具有良好的国内关注度，且目前仍有很多学者在开展相应的研究。与此同时，关于这三个方面研究的用户关注度，虽有不同程度的上下波动，但是总体上仍呈现出逐步上升的趋势，这说明了近年来关于这三个方面的研究受到国内学者们的广泛关注。

综上所述，研究趋势说明基于云端互动的现代服务业发展路径选择方法的研究是一个日趋受到关注的热点问题，有着较为广泛的学术关注度和用户关注度，进而说明了本书所关注研究问题的价值和意义。

2.2 关于现代服务业的相关概念界定

国外学者对于现代服务业的研究较早，20 世纪 60 年代初，美国学者马克卢普（Marchlup）[46]最早在其著作《美国的知识生产与分配》中首次提出了"先进服务业"的概念，被学术界视为近似"现代服务业"的概念。20世纪 70 年代中期，辛格曼（Singelman）与布朗宁（Browning）[5]在对服务业具体分类中也提到了类似"现代服务业"的概念，即"生产性服务业"，并认为生产性服务业包括金融、保险、法律工商服务、经纪等具有知识密集型和为客户提供专门性服务的行业。依据文献可知，国外学者一般用"新兴服务业""生产性服务业""知识密集型服务业""知识性服务业"等概念代称"现代服务业"[47,48]，而且在西方服务经济文献中并没有直接定义"现代服务业"的概念及范畴[48]。相比之下，国内学者对现代服务业的研究源自 1997年党的十五大报告后[47~50]。早期有关现代服务业的研究主要是学者们对现代服务业的概念界定、特征分析和基本分类进行研究，并且已取得了一些重要的研究成果。本节将针对现代服务业的概念界定、特征分析和基本分类三个方面的相关研究成果进行文献综述。

2.2.1 现代服务业的概念

自马克卢普（Marchlup）[46]于 1962 年提出近似"现代服务业"的概念（"先进服务业"）以来，许多学者对其进行了研究。国外学者们大多将"现代服务业"界定为"知识密集型服务业""知识服务业""新兴服务业"，即具有技术背景的、提供知识和技术的、帮助相关产业发展的、提供高知识附加值服务的服务行业[47,48]。

依据文献可知，美国学者常用"知识型服务业"（knowledge-based service industry）来描述服务业的新变化。美国商务部（BEA）将"知识型服务业"

定义为"在为客户提供服务时,将科学、工程、技术等融入服务中或通过科学、工程、技术辅助推动的服务业"[2,47]。

欧洲学者倾向使用"知识密集型服务业"(knowledge-intensive business services)来描述正在兴起的"现代服务业"[2,47],霍克内斯(Hauknes)[51]将"知识密集型服务业"定义为知识和技术密集型的行业,其提供的服务是以信息技术为导向的[51],穆勒(Muller)等[52]认为"知识密集型服务业"是指为其他行业或产业提供高智力、高附加值服务的行业。

相较之下,"现代服务业"是我国独有的提法,它最早出现在 1997 年 9 月党的十五大报告中[47~50],报告指出:"现代服务业是工业化比较发达的阶段产生的,主要依托信息技术和现代管理理念发展起来的,信息和知识相对密集的服务部门"[53]。随后,2000 年 10 月党的十五届五中全会关于"十五"计划建议中提出了:"要发展现代服务业,改组和改造传统服务业"[54]。紧接着,在 2002 年 11 月的《中国共产党的第十六次全国代表大会的报告》中明确提出了:"加快发展现代服务业"[55]。2007 年 10 月,党的十七大报告重申了要"发展现代服务业,提高服务业比重和水平"[56]。

国内学者从不同视角对"现代服务业"的概念进行深入的研究和剖析。国内学者对现代服务业的概念和内涵有着不同的认识。

刘志彪等[57]强调现代服务业是从传统制造业的部分环节演变而来的,是伴随着科技信息而发展起来的。

李江帆和曾国军[58]指出现代服务业是相对于传统服务业而言的新兴服务业,传统服务业应包括餐饮、商贸、运输、交通等,而现代服务业则应包括金融保险、市场咨询、中介、法律咨询、广告、科技等新兴行业。

朱明春[59,60]认为现代服务业是指与技术升级、产业分工深化和经济社会发展相伴随的新兴服务业。

晁钢令[61]提出现代服务业是指知识和科技含量比较高的服务业,可以视为生产过程中的服务业,即生产性服务业。

朱晓青和林萍[62]、刘有章和肖腊珍[63]、杨翠兰[64]也认为现代服务业是相对于传统服务业而言的高新技术服务业,也是传统服务业经现代技术、新业态和新方式改造和提升的新兴服务业。

来有为和苏爱珍[65]、郑吉昌和夏晴[66]直接把现代服务业视为生产性服务业，又称为现代生产性服务业，即为生产活动、商务活动和政府管理而非直接为最终消费提供服务的行业。

庞毅和宋冬英[67]认为现代服务业是指依托信息技术和其他新兴高新技术，以及现代经营方式和组织形式而发展起来的服务业。

朱彩青[68]强调现代服务业产生于工业化高度发展时期，现代服务业的实质是服务业的现代化，其主要表现形式是信息技术和先进管理理念支撑下信息与知识密集的服务业。

张树林[69]认为现代服务业是随着技术变革、产业分化进一步深化和社会的整体发展而形成的新兴服务业。

刘成林[70]指出现代服务业应包括三部分：一是为现代生活提供生产性服务的生产性服务业；二是为满足个人更高精神需求而提供的现代消费性服务行业；三是通过引入新技术、新经营方式而实现改造的传统服务行业。

申畅[71]从广义和狭义两个方面对现代服务业进行了内涵分析，从广义上看，现代化、信息化是现代服务业的标志，既包括基于新兴服务业而生的现代服务业，又包括那些经过传统服务业改造而成的现代服务业，而狭义上的现代服务业是相对于传统服务业而言的。

任英华等[72]指出现代服务业是伴随着信息技术和知识经济的发展产生的，以专业化分工和国民收入提高引发的需求为导向，基于新兴服务业成长壮大和传统服务业改造升级而形成的新兴服务体系，具体包括现代生产性服务业和现代消费性服务业。

温敏[73]认为世界经济已经开始步入"服务经济"为主导的时代，现代服务业可以视为新兴服务业。现代服务业具有高增长、高增值、高技术含量等特征，是依靠先进的信息技术和现代管理理念为生产者提供生产过程中的中间投入，包括知识、人力和资本等服务的部门。

赵爽[74]指出现代服务业是"升级版"的传统服务业，其实质没有脱离"非物质产品生产"的特征，其范畴也没有跨出国民经济统计分类中的"第三产业",但是其本质早已超出了传统服务业的内涵,除了包括升级后的传统服务业以外,还涵盖新经济和新科技所带来的所有新兴的服务业态。

此外,"现代服务业"在我国不仅出现在上述学术研究中,还在各类政府工作报告中、政策性文件中屡次出现,其概念界定虽仍存在差异,却在逐渐趋于一致。

2012 年,科技部发布的《现代服务业科技发展"十二五"专项规划》中进一步明确了现代服务业的内涵,文件指出广义上的现代服务业既包括随着高科技发展而形成的新兴产业,也涵盖基于现代技术改造与升级传统服务业所获得的新产业模式,即"以现代科学技术特别是信息网络技术为主要支撑,建立在新的商业模式、服务方式和管理方法基础上的服务业,它既包括随着技术发展而产生的新兴服务业态,也包括运用现代技术对传统服务业的改造和提升。"[75]

2017 年,科技部发布的《"十三五"现代服务业科技创新专项规划》中,进一步将其定义为:"现代服务业是指在工业化比较发达的阶段产生的、主要依托信息技术和现代管理理念发展起来的、信息和知识相对密集的服务业,包括传统服务业通过技术改造升级和经营模式更新而形成的服务业,以及伴随信息网络技术发展而产生的新兴服务业。"[76]

综上所述,现代服务业是相对于传统服务业而言的,我国现行的统计制度和对服务业的分类中,并没有"现代服务业"以及与之相对应的具体分类条目。虽然国内外学者们对现代服务业的概念界定、内涵解释尚未统一,但现代服务业是我国现代化进程中产业发展的必然要求,在国家战略布局层面上,现代服务业已经放到了突出位置。自政府文件明确提出发展现代服务业以来,国内学者就现代服务业的内涵和界定形成以下三方面观点:第一,现代服务业即现代生产性服务业,即知识密集、技术密集的,以生产性服务为主的服务业;第二,现代服务业是以高科技为主的新兴服务业;第三,现代服务业既包括新兴的金融业等服务业,也包括经过改造和升级后的传统服务业。

因此,本书认为现代服务业是工业发展现代化的标志,它既包括经过高新技术创新和现代管理理念提升而改造的传统服务业，同时也包括依托信息技术和现代管理理念发展起来的新业态和新模式，并兼具了知识密集度高、服务产出附加值高、资源消耗少、环境污染少等特点。从服务对象看，既包括生产性服务业，也包括生活性服务业。所以现代服务业既是与生产过程有关联的服务业，也是与交易过程相融合的服务业，还是与创新过程相关的服务业，更是与信息技术相结合的服务业。

2.2.2 现代服务业的基本特征

目前，虽然国内外学术界对于现代服务业的概念界定尚未形成统一的观点，已有研究中，学者们从不同的视角，在不同的研究中来界定现代服务业。关于现代服务业基本特征的研究，学者们对于其认知是基于对现代服务业概念的认知衍生而来的，虽然每个学者的研究背景、动机、目的和视角都不尽相同，但学者们对于现代服务业基本特征的认知却具有一致性。

朱晓青和林萍[62]提出我国现代服务业具有五大特征，即高知识性、高技术性、高附加值、高集群性和从业人员高素质性。

韩云[77]认为现代服务业具有"三高"（即高人力资本含量、高技术含量、高附加值）和"三新"（即新技术、新业态、新方式）的特征。

郭会斌和杨先荣[78]指出现代服务业普遍具有以下几个特征：第一，以新技术为依托而建立的新兴服务业或融入技术改造的传统服务业；第二，知识密集、高附加值的服务业；第三，虽面向最终消费者，但大多为机构、企业、政府等提供中间服务，而非侧重于为个人服务；第四，采用新的组织形式，有新的组织运营机制。

李治堂[79]总结出现代服务业的基本特征：第一，现代性，现代服务业是与传统服务业相对的新兴服务业；第二，高新技术性，现代服务业的服务过程和服务活动是依靠现代高新技术，特别是信息通信技术；第三，知识密集性，现代服务业利用现代技术手段，提供专业性的服务，具有较高的知识含量；第四，动态性，现代服务业是一个在产业发展演进中提出的概念，其内涵随着经济社会的发展而不断丰富。

安筱鹏[47]深入分析了现代服务业的重要特征：首先，现代服务业建立在信息基础设施之上；其次，信息技术和知识融入服务的各个环节；再其次，现代服务业实现了服务的集成化、定制化、精准化；最后，服务内部管理实现了标准化运作、精确化管理、协同化创新。同时，安筱鹏[47]在两化融合与现代服务业发展系列研究中同样指出现代服务业"三高"（即高人力资本含量、高技术含量和高附加值）和"三新"（新技术、新业态和新方式）的特征。

潘海岚[80]提出现代服务业具有高技术性，其科技含量高，所应用的先进科学技术手段多；知识性，现代服务业更加重视知识技术，属于知识密集型产业。

王志明等[50]认为现代服务业最突出的基本特征是：第一，现代性，相对传统服务业经过科技的改进和发展；第二，先进性，在管理方式、理论基础和技术手段等方面更具科学性；第三，高附加价值，各类服务相互渗透出现聚集效应，从而促进服务业的扩张、细化分工及高效协作；第四，资源密集型，技术和专业人员成为现代服务业的核心竞争力；第五，创新性，利用信息平台和各类资源开拓新的领域，提升自身发展平台和潜力，呈现出全新的"服务竞争"模式。

钟云燕[81]提出现代服务业应具有以下特征：第一，新兴化，直接因信息化及科学技术的发展而产生的新兴产业（例如，计算机和软件服务业、信息咨询服务业、会展业等）；第二，信息化，一方面能利用现代信息技术实现管理手段的现代化，另一方面能最大限度地利用现代信息技术为客户提供优质高效的服务（例如，传统的银行服务业务建立起电子银行和网上存贷款服务系统，则变成了现代服务业）；第三，知识化，现代服务业为消费者提供知识的生产、传播和使用服务，使知识在服务过程中实现增值（例如，教育服务、科研服务、文化传媒服务、专业技术服务等）；第四，经营管理和组织形式现代化，自主创新能力强，不断推动管理创新、服务创新，通过多种方式推进规模化、品牌化、网络化经营。

安体富和刘翔[82]指出与传统服务业相比，知识的密集型和管理的现代化是我国现代服务业的显著特点。

魏绍琼[83]、王玲芳[84]均指出现代服务业一般具有五大基本特征：第一，高技术性，即现代服务业科技含量高；第二，知识性，即现代服务业为消费者提供知识的生产传播和使用服务，使知识在服务过程中实现增值；第三，高增加值性和集群性，即现代服务业不仅可以使服务过程产生知识的增值，而且可以产生相互融合的聚集效应，引起服务的大幅度增值；第四，从业人员高素质性，即现代服务业的从业人员大都具有良好的教育背景专业知识基础和技术管理的能力，从而构成了现代服务业的核心能力和白领灰领阶层的聚集区；第五，新兴性，即在时间上是现代兴起的或从过去演变而来的。

张毅[85]进一步指出现代服务业是在传统服务业的基础之上发展起来的，与传统服务业相比，现代服务业具有"三高"和"四新"的特点，"三高"指的是高知识、高技术含量和高附加值，"四新"指的是新技术、新业态、新模式和新产业。

张赤东[48]总结出现代服务业的活动及发展呈现出的六个典型基本特征：第一，高技术性特征，即科技含量高，服务方式或者服务手段广泛采用了现代信息网络技术；第二，高知识性特征，即现代服务业可以为消费者提供知识的生产、传播和使用服务，使知识在服务过程中实现了增值，如教育服务、科研服务、文化传媒服务、专业技术服务，计算机软件应用服务等；第三，高收益性或高附加值性，现代服务业不仅可以使服务过程产生知识和技术应用的增长效应，而且可以使服务过程产生服务的规模效应和个性化消费需求效应；第四，集聚性或集群性特征。现代服务业的发展是各种服务活动和服务业相互分工、相互补充、相互融合、交互集群的结果；第五，高素质特征，现代服务业从业人员大多具有良好的教育背景、专业基础知识和技术管理能力等，从而构成了现代服务业的核心能力；第六，新兴性特征，现代服务业是现代兴起的，或者通过创新活动而兴起的服务业，在发展进程上是继工业化产品大规模消费阶段之后才呈现出加速增长态势的服务业，或者由传统服务业结合新兴技术演变而来的、具有巨大增长潜力的服务业。同时，张赤东[48]认为，同时具有上述两个或者三个特征即可视为现代服务业，而这应考量不同城市或地区、服务业发展所处不同阶段的实际发展情况。

综上所述，现代服务业的基本特征是对现代服务业本质认识的进一步深化，我们可以从服务业与信息技术的关系来深入分析现代服务业内涵。现代服务业是在工业化高度发展阶段伴随科学技术进步，特别是信息革命和高新技术对产业的渗透和运用而产生的，其本质是实现服务业的现代化。知识性和信息服务性是现代服务业的主要特征，现代服务业的核心特征是知识密集化和管理现代化。由此可见，近几年学者们对现代服务业基本特征的认知基本一致。

2.2.3 现代服务业的基本分类

关于现代服务业基本分类的研究，起源于学者们对现代服务业概念界定的不断探索，不同学者基于不同的研究视角给出了不同的基本分类方法，学者们在各自提出的现代服务业概念的基础上，开始尝试对现代服务业的分类体系进行研究。

早期的关于服务业的分类，源自辛格曼（Singelmann）和布朗宁（Browning）[5]的研究，他们根据不同服务的特点、性质，将服务业分为生产者服务业、流通服务业、个人服务业和社会服务业四类。

20 世纪 80 年代，世界贸易组织（WTO）认为现代服务业包括商务服务、通信或电信服务、建筑及有关工程服务、教育服务、金融服务、健康与社会服务、娱乐、文化和体育服务、旅游服务、环境服务[86]。

20 世纪 90 年代，经济合作与发展组织（OECD）将信息服务业、金融服务业、教育服务业、专业服务业和健康保健服务业五大类列为知识密集型服务业[87]。

2008 年，联合国标准行业分类（ISIC-Rev. 3）[88]将现代服务业分为金融业、电信业、不动产、租赁和商业活动、教育业、医疗及其社会工作、其他社会公关和个人服务活动涉外组织和机构。在此基础上，形成了现在世界各国通行的分类方法。而我国在制定《国民经济行业分类》时更多参照的是联合国国际标准产业分类。

按照上述标准，对照《国民经济行业分类》（GB/T 4754—2017）[89]，现代服务业统计分类标准共涉及 11 个门类，其中包括：交通运输、仓储和邮政业，信息传输、软件和信息技术服务业，金融业，房地产业，租赁和商务服务业，科学研究和技术服务业，水利、环境和公共设施管理业，居民服务、修理和其他服务业，教育，卫生和社会工作，文化、体育和娱乐业。

在现代服务业发展过程中，国内各省份根据自身现代服务业的发展实际情况，制定了适合当地的现代服务业分类体系和统计口径。例如，2020 年，北京市统计局依据《国民经济行业分类》（GB/T 4754—2017），形成《北京市现代服务业统计分类（2020）》[90]，其中包括现代服务业主要包括 10 个行业：信息传输、软件和信息技术服务业，金融业，房地产业，租赁和商务服务业，科学研究和技术服务业，水利、环境和公共设施管理业，教育，卫生和社会工作，文化、体育和娱乐业，公共管理、社会保障和社会组织。

此外，学者们在学术研究中，基于不同的研究目的，从不同的研究视角，也给出了不同的现代服务业基本分类方法。

胡启恒[91]依据现代服务业的主要功能和对象，借鉴国际产业划分标准，将现代服务业划分为四大类：基础服务（包括通信服务和信息服务）、生产和市场服务（包括金融、物流、批发、电子商务、农业支撑服务以及包括中介和咨询等专业服务）、个人消费服务（包括教育、医疗保健、住宿、餐饮、文化娱乐、旅游、房地产、商品零售等）、公共服务（包括政府的公共管理服务、基础教育、公共卫生、医疗以及公益性信息服务等）。

徐国祥和常宁[92]将现代服务业分为八个大类和若干小类，具体分为：第一，物流与速递业，即物流业、速递业；第二，信息传输、计算机服务和软件业，即包括电信通信在内的软件开发等行业；第三，电子商务，包括线上的批发业、零售业；第四，金融保险业；第五，房地产业；第六，租赁和商务服务业，即房屋、车辆等租赁行业以及会展、咨询的服务业；第七，科学研究技术服务业，即与科学有关的研究与实验、专业技术、科技交流的服务业；第八，远程教育，包括学历教育与非学历教育。

朱晴睿[93]认为现代服务业包括：信息服务业、现代物流业、金融业、电子商务服务、文化、教育、体育、娱乐知识、技术咨询业、创意产业等适应居民生活水平提高所产生的需求或通过信息技术、管理技术或现代理念升级的、附加值较高的服务业。

尚永胜[94]认为现代服务业包括生产性服务业（金融保险、房地产业、现代物流、信息服务、中介代理、科研和综合技术服务业等）、现代消费性服务业（网络游戏、现代远程教育等）。

黄繁华和洪银兴[95]认为现代服务业包括现代生产性服务业，其中包括现代物流、电子商务、信息服务、金融保险、技术研究与开发、企业经营管理服务等现代消费性服务业，其中包括旅游、房地产、医疗、教育、娱乐、社区服务等。

哈里达木·努尔麦合麦提[96]认为现代服务业的核心主导产业包括信息服务、金融保险等生产性服务业，辅助产业包括通信、交通、房地产等行业，配套产业包括旅游、文化、医疗、教育、保健等行业。

安筱鹏[47]指出可以将现代服务业具体划分为四大类：基础服务业、生产性服务业、个人消费服务业、公共服务。其中，基础服务业主要包括通信服务业和信息服务，信息服务又包括信息技术服务业和信息内容服务等。生产性服务业主要包括金融、保险、物流、电子商务、会计、法律等中介和专业咨询服务等。个人消费服务业包括娱乐、旅游、商品零售等服务。公共服务包括政府的公共管理服务、基础教育、公共医疗和社区服务等。

方名山[97]认为对现代服务业统计分类的体系标准应该是动态的，有些行业具有特殊属性，很难具体划分，随着经济的发展以及技术的进步改造和提升，现代服务业的具体分类也在随之不断改变。该研究建立了一个动态的现代服务业统计分类体系，将现代服务业分为两个大类、八个中类和若干小类，具体的两个大类为：第一，改造提升的传统服务业，即在原始基础上引进新技术、新概念的服务业；第二，新兴的知识密集型服务业，即需要高知识含量的信息、科技类服务业。

王志明等[50]依据《上海加速发展现代服务业的实施纲要》将现代服务业分为九类，即金融、信息、物流、航运、会展、旅游、文化、房地产、中介服务业。

曲波远[98]将现代服务业视为新兴知识密集型服务业，包括金融业、物流业、信息服务业、科技服务业、会议展览业、文化创意业、旅游业等。

蔡沛丰[99]根据 2005 年 8 月北京市统计局对现代服务业统计范围的分析，同时依据《中国统计年鉴》对产业及行业的划分，将交通运输、仓储和邮政业、批发零售业、住宿餐饮业划入传统服务业，将信息传输计算机服务和软件业、金融业、房地产业、科学研究、居民服务、租赁、教育、卫生及福利保障、文化体育、水利环境和公共设施、公共管理等十一个行业统一规划为现代服务业，将其视为一个整体来研究。

张毅[85]从现代服务业的内涵和特征以及数据的可获得性出发，结合北京市统计局的现代服务业统计标准，同时参考现行的《国民经济行业分类》（GB/T 4754—2017）[89]的基础上，将我国现代服务业分为八大类，分别是：金融业，房地产业，科学研究和技术服务业，租赁和商业服务业，信息传输、软件和信息技术业，卫生、社会保障和社会福利业，文化、体育和娱乐业，教育。

刘中艳和史鹏飞[17]按照国民经济行业对现代服务业进行了分类，主要包括以下行业：金融业，房地产业，租赁和商业服务业，信息传输、计算机服务和软件业、科学研究、技术服务和地质勘查业，教育业，文化体育娱乐业，卫生、社会保障和社会福利业，等等。

吴滨[49]指出国家统计局 2018 年 12 月地方统计调查项目审批的《河北省现代服务业统计调查报表制度》，调查的对象和范围包括：交通运输、仓储和邮政业，信息传输、软件和信息技术服务业，房地产业，金融业，租赁和商务服务业，科学研究和技术服务业，水利、环境和公共设施管理业，居民服务、修理和其他服务业，教育，卫生和社会工作，文化、体育和娱乐业，批发零售业中通过公共网络实现的销售和邮购及电视电话零售服务，以及住宿餐饮业中通过公共网络实现的销售服务，并将以上视为常用的现代服务业分类标准之一。

张赤东[48]借鉴国际和国内的行业分类标准以及相关研究成果，基于政策原理与实际实施特征，将现代服务业分为三个大类。一是运用新技术或技术升级的现代生产性服务业，涉及生产和市场服务部门的金融、物流、批发、电子商务、农业支撑服务部门以及公共管理服务等；二是经现代技术改造后的现代生活服务业，涉及个人消费服务部门的教育、医养保健、住宿、餐饮、文化娱乐、旅游、房地产、商品零售部门和适应居民生活水平提高所产生的高端消费服务业，以及公共卫生、医疗公共服务部门；三是伴随信息网络技术发展而产生的以高科技为主的科技创新服务业，涉及通信服务和信息服务，研发、设计、知识、技术咨询业及创意产业，以及中介专业等。

赵爽（2021）[74]基于《国民经济行业分类》（GB/T 4754—2017）的分类标准以及相关研究的研究成果（Chen，2009；Yang，2013；Shao, Tian and Yang，2017），对现代服务业的具体类型进行科学划分，共得到 14 个细分结果，即交通运输、仓储和邮政业，信息传输、软件和信息技术服务业，金融业，租赁和商务服务业，科学研究和技术服务业（生产性服务业），批发和零售业，住宿和餐饮业，房地产业，居民服务、修理和其他服务业，文化、体育和娱乐业（生活性服务业），水利、环境和公共设施管理业，教育，卫生和社会工作，公共管理、社会保障和社会组织（公益性服务业）。

从实践的角度来看，我国现代服务业的分类体系和统计口径也是一个逐步演化的过程。虽然，现代服务业的分类标准在由简入深的逐步发展，但是，目前尚未建立一个全面、清晰并具有可操作性的分类方式。因此，现代服务业的分类仍是需要一个不断深化、细化的过程。这里需要指出的是，关于现代服务业分类的研究，不存在永久的分类标准，随着环境的变化，现代服务业的分类体系和统计口径也需要不断完善和调整。

由于学者们对现代服务业的理解和界定上存在差异，所以国内外关于现代服务业并没有一个统一的分类体系。国内学者对现代服务业分类体系的研究基于两种分类方法。第一，单级分类法，例如，将现代服务业划分为七大类，包括信息服务业、现代物流业、金融业、电子商贸服务业、文化、教育、技术咨询业及创意产业。第二，多级分类法，例如，将现代服务业划为四大类再下设各行业：一是基础服务部门，包括通信服务和信息服务部门；二是生产和市场服务部门，包括金融、物流、批发、电子商务、农业支撑服务以及包括中介和咨询等专业服务部门；三是个人消费服务部门，包括教育、医疗保健、住宿、餐饮、文化娱乐、旅游、房地产、商品零售部门；四是公共服务部门，包括政府的公共管理服务、基础教育、公共卫生、医疗以及公益信息服务部门。

综上所述，关于现代服务业基本分类的研究与发展，学术界和实践界均从不同的视角对现代服务业进行分类。从学术研究的角度来看，已有研究表明，学者们基于不同的研究视角，在不同的研究中对现代服务业分类体系也不尽相同，有的学者提出了分类的基本思路，也有针对自身的具体研究内容进行了具体划分，还有一些学者指出关于现代服务业基本类型的研究不应按照预设的分类标准，应根据具体研究内容进行逻辑推理来确定，有必要针对特定的城市或地区结合经济发展的实际情况和技术发展的实际条件进行有针对性的动态分类，因此目前尚未形成一种普遍认可的分类标准。

2.3　关于现代服务业发展的影响因素

由于现代服务业的概念界定、基本特征及基本分类等方面的研究尚未形成统一的研究成果，所以学者们从不同的研究视角进行现代服务业发展影响因素的探索，并受到了国内外学者们的广泛关注，并取得了一定的研究成果。本节将针对现代服务业发展的影响因素的相关研究成果来进行文献综述。

2.3.1　现代服务业发展的影响因素国外文献综述

目前，学术界关于现代服务业发展影响因素的研究较多，国外学术界多位学者展开了研究。

费希尔（Fisher）[100]、克拉克（Clark）[101]、贝尔（Bell）[102]认为人均收入和人均国内生产总值是对现代服务业的影响最大的两个因素。辛格曼（Singelmann）[5]提出城市化因素可以推动现代服务业的发展。瑞德尔（Riddle）[8]在辛格曼（Singelmann）[5]的研究成果的基础上进一步证明了他的观点。贝利（Bailly）[103]进一步研究指出对经济发展较好的城市或地区进行现代服务业的投资，其回报程度远远高于经济发展相对于落后的城市，并且技术的更新速度也是直接影响现代服务业发展的因素之一，其与现代服务业发展速度成正比。在此基础上，拜尔斯（Beyers）[104]不仅提出城市或地区的经济增长水平也对现代服务业会产生一定的影响，并指出二者之间呈正向的线性相关关系。巴格多尼亚（Bagdoniene）和杰克斯（Jakstaite）[105]运用实证研究分析指出高度专业化的技能对知识密集型服务业（现代服务业）也会产生一定的影响。

2.3.2 现代服务业发展的影响因素国内文献综述

国内学者虽然对现代服务业发展影响因素的研究起步较晚，但也对其做了大量分析研究，学术界多位学者展开了研究。

李江帆[106]在对现代服务业发展影响因素的研究结论中，指出人均GDP、人口密度、城市化水平、收入水平等因素都对现代服务业的发展产生重要影响。

倪鹏飞[107]采用模糊曲线分析法，建立模型分析讨论影响因素，研究表明人口密度、城市化水平、收入水平等因素都对现代服务业的发展产生重要影响。

江小涓和李辉[108]认为人口规模、城市化水平、人口密度、人均国民生产总值这四个因素主要影响城市现代服务业发展，其中人口规模对服务业增加值的影响最大，人口密度对服务业就业比重存在正向影响，城市化水平对服务业增加值比重有重要影响。

周振华（2005）[109]指出人均国内生产总值、人口密度、城市化水平、收入水平等影响现代服务业的发展，其中，城市化水平是影响现代服务业发展的重要影响因素。

方俊伟和刘银[110]以浙江省为例，在对浙江省现代服务业发展的研究中指出加快城市化进程、提高经济增长水平和人均收入水平有助于我国现代服务业发展。

何庆明和刘婉华[111]也强调了城市化水平对现代服务业发展的重要影响，并且提出工业化、信息化对现代服务业也具有一定的影响。

赵勤[112]通过分析东北地区现代服务业发展的现状，指出制约现代服务业发展的主要影响因素是市场化、城市化、国际化总体水平不高、现代消费性服务需求不足、人才短缺。

李娟[113]则考虑到现代服务业的知识性，并综合考虑了信息化水平和国际形势的影响，将影响因素主要概括为居民消费需求状况、整体经济发展水平、信息化程度、工业化水平、城市化和国际化水平。其中，工业化水平与现代服务业增加值呈负相关，信息化水平和城市化水平对现代服务业增加值比重存在正向影响。

茅媛媛[114]将影响现代服务业发展的因素分为有形因素和无形因素两方面，其中，有形因素主要包括基础设施条件、城市化水平、消费需求状况、政府相关政策和第二产业发展状况，无形因素主要包括外部经济影响、人力成本和市场化程度。

彭生顺和刘静[115]对重庆市的现代服务业发展进行了案例分析，研究指出经济发展水平、专业化水平、城市化水平、工业化水平和市场化水平都是重庆市现代服务业发展的重要影响因素。

李大明和肖全章[116]认为工业增加值、人均生产总值、城市现代服务业就业人数、现代服务业固定资产投资和城镇居民人均收入这五个因素对我国各地区现代服务业发展水平均有正向影响。

刘中艳和李明生[117]认为人力资本、产业融合、产业集聚度、市场化水平对现代服务业有积极影响。

甄晓非和谢律威[118]考虑到知识密集型的特点，主要研究了区域服务业的影响因素，通过分析总结认为区域的基础知识结构、科技环境、社会环境和科技支撑力是现代服务业的主要影响因素。

张卿和戴燕艳[119]以广东省现代服务业的发展为例进行研究，指出城镇居民人均可支配收入、城市化水平、第二产业发展规模、人力资本投入、信息化水平均与广东省现代服务业发展水平呈正相关关系。

胡亚楠[120]认为城镇化发展水平、区位的优劣、产业结构水平、经济发展水平、人力资源等是影响现代服务业发展的重要因素。

姜霞[121]在对湖北省现代服务业的发展研究中指出人均地区生产总值对湖北省现代服务业发展的影响最大，政府的支持和对外开放水平对湖北省现代服务业发展有一定的影响，城镇化、服务业从业人数和工业化水平对湖北省现代服务业的影响力很小。

司玉娜[122]总结归纳了影响关中—天水经济区现代服务业发展的五个方面的主要影响因素，即经济基础、产业结构、城市化水平、现代服务行业发展、对外开放程度。

孙永波和甄圆圆[37]研究了北京市现代服务业的发展，研究表明城市化水平、经济发展水平、工业化水平、服务消费需求水平、政府投资支出及区域开放度与北京现代服务业发展均存在正相关关系，其中经济发展水平影响最为显著。

李红[29]探讨了现代服务业与先进制造业相互融合、相互推进，联动发展的机制，给出了影响服务业创新发展的四个因素，即服务业集聚程度、工业化水平、城市化水平、市场开放度。

张丞坤[123]研究了云南省现代服务业的发展，研究表明城市化水平、城镇居民人均可支配收入、市场化程度和外资投入等是影响云南省现代服务业竞争力的主要因素。

段文斌等[124]认为教育水平、对外开放程度、科技投入可以促进现代服务业的发展。

汪洋[125]运用实证研究分析了西安市现代服务业的发展，研究表明现代服务业就业人数占总人数比重、外资投资额、现代服务业科技人员数量、人均国民生产总值、固定资产投资总额等指标对西安市现代服务业的发展有显著的影响。

陈景华和王素素[126]认为全社会固定资产投资、进出口规模、人力资本水平、城镇化水平对现代服务业的增加值具有明显的促进作用。

贾佳霖和陈鑫[33]以灰色理论作为理论基础，构建灰色关联模型研究分析体系，对湖北省2009~2013年现代服务业数据进行了分析，对现代服务业的发展影响因素进行了研究，研究表明科技投入的财政预算额、人均地区生产总值和服务业固定资产投资总额与现代服务业的发展密切相关，其中，科技投入的财政预算额和服务业固定资产投资总额与现代服务业增加值的关联度最高，而投资结构失衡、服务业对外开放水平弱于制造业、居民消费能力有待提高、现代服务业人才资源短缺、城镇化过程滞后等因素制约着湖北省现代服务业的发展。

白珺[127]运用协整分析、格兰杰因果检验、多元回归分析等方法构建模型来分析吉林省现代服务业发展的影响因素。研究结果表明：外资投入、市场化程度、城市化水平、政府支出水平均能影响吉林省现代服务业的发展并且呈正向相关关系，其中，外资投入对吉林省现代服务业的影响作用最大。

刘英杰[128]通过对全国时间序列数据进行实证分析得出经济发展水平和经济发展模式对于生产性服务业发展影响较大。

薛文婷[129]以京津冀地区现代服务业为研究对象，利用 Panel Data 模型，从经济发展水平、科技水平、资本投入、城镇化、开放水平、人力资本六个方面分析京津冀地区现代服务业发展的影响因素。

刘中艳和史鹏飞[17]以甘肃省为研究对象考察现代服务业发展影响因素，选用甘肃省2005~2016年现代服务业的相关数据，运用主成分分析法对甘肃省现代服务业发展的影响因素进行实证研究。研究结果表明：经济发展水平、消费需求水平、城市化水平、市场开放程度、工业化水平、受教育水平、固定资产投资额、现代服务业从业人数占第三产业从业人数的比重等均与甘肃现代服务业增加值呈正向相关。其中，市场开放程度、固定资产投资额对现代服务业发展影响最为显著，消费需求水平、城市化水平、经济发展水平、工业化水平对现代服务业发展有较大程度的影响，受教育水平、现代服务业从业人数占第三产业从业人数的比重对现代服务业发展影响不明显。

王晓燕和师亚楠[130]依据天津市 2010～2018 年统计年鉴及统计公报计算，采用主成分分析法对天津市现代服务业发展影响因素进行分析，经济发展水平、消费水平、城市化水平、受教育水平、现代服务业从业水平是影响天津市现代服务业发展的关键性因素。其中，受教育水平以及现代服务业从业水平较为重要；市场开放程度、工业化水平以及固定资产投入水平是影响天津市现代服务业发展的基础性因素，其中市场开放程度影响程度较大。

孟琳琳等[15]采用面板回归等方法对 2007～2017 年河南省现代服务业影响因素进行分析，研究指出：现代服务业发展主要受到经济发展水平、产业结构、城市规模、城市化水平、对外开放水平、资本支持、人力资本、信息化水平、交通条件、政府保护和消费需求等因素影响。其中，经济发展水平对河南省现代服务业发展影响最大，交通条件、资本支持、信息化水平和人力资本对现代服务业发展具有不同程度的促进作用，工业化水平、政府行为对其产生显著的负影响。

周佳婷和宋德军[131]分析了河南省现代服务业的发展现状，指出了河南省现代服务业发展的制约因素为：其经济发展还处于中期阶段，城镇化进程滞后、居民收入水平不高、服务业投资结构不合理。

穆克瑞[27]在现代服务业发展众多影响因素中，政府投资、外商直接投资、生产要素流动、产权制度等在一定程度上影响现代服务业发展水平，这些影响因素与经济自由度指数评价指标、海南自由贸易港制度设计等具有天然的一致性，经济自由度对海南自由贸易港现代服务业发展必将产生深远影响。

李江苏等[34]以郑州市为例，基于 POI 数据，采用 DBSCAN 和核密度分析方法，分析郑州市现代服务业空间聚集特征，结合问卷数据，探讨郑州市现代服务业空间布局的影响因素。研究发现，市场需求水平、交通条件两项因素对现代服务业总体及各分行业空间布局影响程度较大，此外，地价租金水平因素、生态环境状况，地价租金水平因素均对现代服务业总体产生较大影响。

综上所述，现代服务业发展的影响因素是复杂的、多方面的，关于现代服务业发展影响因素的研究已经颇有成就。但是，由于具体研究对象的差异、统计数据的缺失等问题尚未形成具有普适性的研究成果。因此，在实践中，管理者或决策分析者应针对某一地区经济发展的实际情况进行细致的分析，并据此进一步发展和完善现代服务业的发展研究。这里需要指出的是，学者们研究梳理出的现代服务业发展的影响因素并不是一成不变的，也并不适用于所有城市和地区，随着环境的不断变化，应动态地分析现代服务业发展的影响因素，以此来取得现代服务业可持续的发展。

2.4 关于现代服务业发展路径选择的含义及方法

关于现代服务业发展路径选择问题的研究主要来自国内学者，学者们已经取得了一些研究成果。本节将针对现代服务业发展路径选择的含义及方法的相关研究成果进行文献综述。

2.4.1 现代服务业发展路径选择的含义

关于现代服务业发展路径选择的含义，一些学者从不同角度展开了研究，但是学术界尚未形成统一的观点。

夏名首[132]在研究中部地区现代服务业发展现状及路径选择中，将现代服务业发展路径选择直接视为发展现代服务业的战略选择。

王慧[24]研究新常态下辽宁省现代服务业创新发展路径中指明了未来辽宁省现代服务业发展的方向和实施路线，即辽宁省现代服务业发展的路径选择。

孙华玲[133]对山东省现代服务业存在问题及症结进行分析并提出了加快山东省现代服务业发展的新思路，即现代服务业发展路径。

侯守国等[22]在分析现代服务业发展的影响因素后，确定现代服务发展的基本方向，即现代服务业发展路径。

张胜等[23]在基于产业价值链的现代服务业科技发展路径研究中，给出其发展的基本步骤，可视为基于产业价值链的现代服务业科技发展路径。

王可侠和彭玉婷[134]将现代服务业发展的路径研究视为对现代服务业发展对策和建议的研究。

张晶敏和林荫[135]研究辽宁省现代服务业发展路径的选择问题，在明确发展现代服务业的战略重点和举措后，提出相关的发展策略，即加快辽宁省现代服务业发展的路径。

穆克瑞[27]从经济自由度视角对海南自由贸易港现代服务业发展路径的研究中，为海南自由贸易港发展现代服务业设计了实现发展目标的实施路线，即发展路径。

不难看出，现代服务业发展路径选择的含义尚未明确界定，有的学者将现代服务业发展路径选择视为发展现代服务业的战略选择，有的学者认为现代服务业发展路径选择即为现代服务业发展目标及方向的确定，还有的学者将现代服务业发展路径选择视为给出现代服务业未来发展的对策和建议。尽管如此，学者们普遍认为现代服务业的发展路径选择须建立在对现代服务业发展影响因素分析的基础上而展开，并基于对环境的分析和影响因素的判断而做出决策的过程。所以有关城市或地区的现代服务业发展路径选择的研究应从城市或地区的现代服务业发展的影响因素分析入手而展开的。

2.4.2 现代服务业发展路径选择的方法

近年来，国内学者们对现代服务业的研究已经从对其概念界定、基本特征和基本分类的研究逐渐转向对现代服务业发展路径的选择方面的研究。在学者们的高度重视下，针对现代服务业发展路径选择方法的研究已经取得了一定的研究成果，下面将针对现代服务业发展路径选择方法的相关研究进行文献综述。

杜永红[136]认真解读《关中—天水经济区发展规划》，通过社会调查、查阅资料、数据分析等方法，分析陕西省现代服务业发展现状，揭示出陕西省现代服务业滞后的原因，选择陕西省现代服务业的发展路径。

孙华玲[133]通过对 2005～2011 年《中国统计年鉴》和 2005～2010 年《山东统计年鉴》的数据计算整理后进行分析，找到山东省现代服务业存在的问题及症结，提出了加快山东省现代服务业发展的路径。

葛新[137]根据现代服务业的基本定义和统计分类，对黑龙江省现代服务业发展比较优势和潜力进行分析，提出现代服务业路径选择和相关对策。

胡亦琴和王洪远[32]采用系统性研究视角，基于产业耦合理论，理论分析农业与现代服务业耦合、协调发展的可行性，并从现代服务业与农业耦合的机理研究入手，以浙江省为例，运用产业耦合度评价模型和计量模型分析方法，实证测度农业服务业对农业经济增长的影响、绩效，最后构建了现代服务业与农业耦合发展模式，深入探析现代农业服务业发展路径。

侯守国等[22]在北京市统计局划分标准基础上，利用主成分分析法建立模型，确定影响现代服务业发展的主要因素，根据模型结果分析并给出现代服务业的发展路径。

胡在铭[25]通过分析河南省现代服务业的现状及问题，结合中原经济区建设和郑州航空港的建设实践，给出经济新常态的时代背景下河南省现代服务业发展路径。

俞军等[12]根据现代服务业的发展水平、基础条件、发展环境和典型行业优势等四个方面构建了评价指标体系，利用主成分分析法考察了合肥市现代服务业的综合发展水平和影响因素，并据此给出了合肥市现代服务业发展路径。

张胜等[23]通过分析现代服务业的内涵演进，以及产业价值链动态分析，得出创新驱动的现代服务业科技发展路径。

王可侠和彭玉婷[134]借鉴统计年鉴数据，对安徽、江苏、浙江和上海地区现代服务业发展的基础与特征进行纵横比较，并据此探讨地区现代服务业发展的路径。

王慧[24]在新常态背景下，通过辽宁省统计年鉴的数据分析辽宁省现代服务业的发展现状并找出存在的问题，并提出辽宁省现代服务业创新发展的路径。

张晶敏和林荫[135]通过对政策文件的解读，分析辽宁省现代服务业发展中面临的新机遇，探讨辽宁省现代服务业发展路径。

朱雁春和杨巧媛[30]基于生态视角对现代服务业新业态生成机理及发展路径进行探讨，构建了关于现代服务业集聚演化与业态生成的 Logtstic 模型，验证了现代服务业业态集聚与业态多样化的关系，最后提出基于生态视角现代服务业新业态生成机理及发展路径。

柳玉寿等[28]以西部地区与四川省经济来往密切、地理毗邻的四个省份中的 25 个经济发展水平较高的城市作为研究样本，通过主成分分析法对城市经济实力进行排名，再以排名结果作为分析依据，分析绵阳市与其他样本城市之间的优势劣势，给出绵阳市现代服务业发展路径。

韩智慧[138]通过解读河南省政府近年来发布的政策文件，分析河南省现代服务业集聚区建设现状，提出集聚发展存在的问题，并在此基础上探究现代服务业发展路径。

范龙升和王宁[139]通过论述黑龙江省现代服务业发展现状以及存在的问题，给出提升黑龙江现代服务业的发展路径。

靳艳[140]基于长三角（三省一市：即江苏省、浙江省、安徽省、上海市）一体化视域，借鉴统计年鉴分析安徽省现代服务业发展的现状和存在的问题，探索加快现代服务业发展、促进区域经济增长的路径。

郭志清和翟卫东[141]在新旧动能转换背景下，运用层次分析法和熵值法对山西省 2014~2018 年农业和现代服务业发展的主要指标进行分析并确定权重，通过耦合协调度模型对二者进行实证分析，探讨山西省农业和现代服务业耦合发展的路径选择问题。

穆克瑞[27]对 80 个经济自由度指数排名靠前的经济体进行了面板数据回归，并借鉴中国香港、新加坡等高自由度经济体成功经验，为海南自由贸易港发展现代服务业设计了相应路径。

综上所述，学者们已经从不同的视角、采用不同的方法探讨了现代服务业发展路径选择的方法。

2.5 已有研究成果的贡献与不足的评述

通过上述几节对现代服务业相关概念界定、现代服务业发展的影响因素以及现代服务业发展路径选择的含义及方法等方面研究成果的阐述与分析，可以看出，关于现代服务业发展路径选择问题的相关研究越来越受到国内外学者们的关注，并已取得了较为丰硕的研究成果。但是，已有研究成果尚存在不足之处或薄弱之处。下面，本节将针对已有研究成果的主要贡献与不足之处加以总结，进而给出已有相关研究成果对本书研究的启示。

2.5.1 主要贡献

已有的现代服务业相关概念、现代服务业发展的影响因素以及现代服务业发展路径选择的含义及方法等方面的研究成果为开展基于云端互动的现代服务业发展路径选择方法的研究奠定了坚实的理论基础，为解决现实中广泛存在的现代服务业发展路径选择问题提供了可行的思路与途径。已有研究的主要贡献主要体现在以下几个方面：

（1）指明了现代服务业发展路径选择问题的研究意义与价值。已有的相关研究均从不同的视角对现代服务业发展路径选择问题进行了研究，例如，侯守国等[22]、王可侠和彭玉婷[134]、张晶敏和林荫[133]、穆克瑞[27]的相关研究成果均表明了有关现代服务业发展路径选择问题的研究是一个非常重要且值得关注的研究课题，具有广泛的现实背景和学术价值[134~141]。同时，近年来鲁泽霖[142]、李丽[143]、陈临奇[144]一些学者指出应从数字经济发展的背景下（即基于云端互动的视角）来进行现代服务业发展的相关研究，此外，尽管学者们对现代服务业的概念界定尚未形成统一的意见，但是学者们普遍认为现代服务业的发展伴随着信息技术的发展和现代管理理念的建立，并具有

"三高三新"或"三高四新"的基本特征[47,77,85]。这为本书研究动机的形成和研究主题的确立提供了重要的方向指导。

（2）为现代服务业发展路径选择问题的深入研究提供了理论指导和依据。已有的关于现代服务业发展路径选择的相关研究成果中涉及了若干对现代服务业的相关概念界定[78~81]、现代服务业发展的影响因素[111~131]、现代服务业发展路径选择的含义及方法[132~141]的研究。例如，马克卢普（Marchlup）[145]、霍克内斯（Hauknes）[51]、穆勒（Muller）[146]、李江帆和曾国军[58]、朱晓青和林萍[62]、来有为和苏爱珍[65]、孙永波和甄圆圆[73]、赵爽[74]均在各自的研究领域中给出了现代服务业的概念界定；费希尔（Fisher）[100]、克拉克（Clark）[101]、辛格曼（Singelmann）[5]、瑞德尔（Riddle）[8]、贝利（Bailly）[103]、拜尔斯（Beyers）[104]、倪鹏飞[107]、李娟[113]、贾佳霖和陈鑫[33]、薛文婷[129]、刘中艳和史鹏飞[17]、穆克瑞[27]均从不同角度指出了现代服务业发展的影响因素。夏名首[132]、王慧[24]、孙华玲[133]、侯守国等[22]、张胜等[23]、王可侠和彭玉婷[134]、张晶敏和林荫[135]、穆克瑞[27]从各自的研究中给出了现代服务业发展路径选择的概念界定和理论基础，其中包括现代服务业发展路径选择的基本思想、基本步骤和基本理论；史曼菲[21]、程毛林等[38]均指出了针对某城市或地区的现代服务业发展的研究可以首先考虑关键影响因素或主要影响因素的筛选、识别与分析问题；等等。这些都为本书基于云端互动的现代服务业发展路径选择研究框架的提出奠定了坚实的理论基础，提供了理论指导与依据。

（3）为完善或丰富现代服务业发展路径选择方法的研究提供了方法与技术支撑。从已有的研究成果来看，关于现代服务业发展路径选择问题的研究已取得了一些有价值的研究成果，例如，杜永红[136]、孙华玲[133]、胡亦琴和王洪远[32]、侯守国等[22]、胡在铭[25]、王可侠和彭玉婷[134]、靳艳[140]、郭志清和翟卫东[141]、穆克瑞[27]均针对不同的省份和地区从不同研究视角给出了一些现代服务业发展路径选择的思路及方法，这些都为后续现代服务业发展路径选择的研究奠定了理论基础。上述的研究成果为本书基于云端互动的现代服务业发展路径选择方法的研究提供了方法与技术支撑。

2.5.2　不足之处

虽然关于现代服务业发展路径选择问题的研究已经引起了许多学者们的关注，并且取得了较为丰硕的研究成果，但需要指出的是，目前的研究尚存在一些不足之处或局限性，主要体现在以下三个方面：

（1）缺乏一般性、系统性并具有普适性的基于云端互动的现代服务业发展路径选择的研究框架。已有的关于现代服务业发展路径选择方法的研究大多是针对某个具体城市或地区展开研究。例如，赵勤[112]针对东北地区现代服务业发展的制约因素进行分析，并探索性地给出了适合其发展的发展路径；张晶敏和林荫[135]针对辽宁省现代服务业发展现状，在明确发展现代服务业的战略重点和举措后，提出辽宁省现代服务业发展的路径；胡在铭[25]分析了河南省现代服务业发展中存在的问题，并结合中原经济区建设和郑州航空港的建设实践，给出河南省现代服务业发展路径；俞军等[12]利用主成分分析法考察了合肥市现代服务业的综合发展水平和影响因素，并据此给出了合肥市现代服务业发展的路径；穆克瑞[27]通过面板数据回归分析，给海南自由贸易港发展现代服务业设计了相应的路径；等等。上述研究并未基于云端互动对现代服务业发展的路径选择进行研究，同时并未对现代服务业发展路径选择中所涉及的决策问题进行归纳和提炼，且缺乏给出具有可操作性的现代服务业发展路径选择框架，缺少对于现代服务业发展路径选择问题的系统性描述。这使得学者们不能系统、清晰、深入地了解现代服务业发展路径选择问题研究的总体脉络和研究体系，且在一定程度上限制了现代服务业发展路径选择方法在实际中的应用。

（2）缺乏针对现代服务业发展路径选择的关键影响因素识别的深入研究。尽管史曼菲[21]、程毛林等[38]均指出了针对某城市或地区的现代服务业发展的研究可以首先考虑关键影响因素或主要影响因素的筛选、识别与分析问题，但是已有研究并未给出现代服务业发展路径选择的关键影响因素识别问题的描述和决策分析方法。

（3）缺乏能够有效解决现代服务业发展路径选择问题的决策模型与方法。尽管赵勤[112]、侯守国等[22]、俞军等[12]、穆克瑞等[27]在研究某城市或地区的现代服务业发展路径选择时均采用不同的研究方法进行了现代服务业发展的影响因素识别与分析，但已有研究缺乏对影响因素之间相互影响、相互关联的考量，而缺乏考虑影响因素之间的关联性会在一定程度上影响现代服务业发展路径的选择结果[147]。

2.5.3 对本书研究的启示

总体来说，已有的研究成果为进一步深入研究现代服务业发展路径选择问题起到了指导作用，为相关研究提供了参考和借鉴，更是为本书针对基于云端互动的现代服务业发展路径选择方法的研究奠定了坚实的基础，并带来了一些有价值的启示。已有研究成果对本书研究的启示主要体现在以下几个方面：

（1）可以进一步对基于云端互动的现代服务业发展路径选择问题中的若干决策问题进行提炼与描述。具体地，可以吸取近年来国内外学者关注的重要研究成果，基于已有的研究成果，针对基于云端互动的现代服务业发展路径选择问题，有助于提出或建立解决这类问题的一些新概念、新理论和新方法，主要包括：给出基于云端互动的现代服务业发展路径选择问题的一般性描述、给出基于云端互动的现代服务业发展路径选择的研究框架，并系统性地给出基于云端互动的现代服务业发展路径选择方法，其中涉及基于文献计量分析的现代服务业发展的影响因素筛选方法、基于 DEMATEL 方法的关键影响因素识别方法、基于群体专家评价的关键影响因素的修正与补充、基于 NK 模型的现代服务业发展路径选择方法。

（2）可以深入研究基于云端互动的现代服务业发展的影响因素的筛选方法。借鉴已有的关于现代服务业发展影响因素的相关研究成果，例如，费希尔（Fisher）[35]、克拉克（Clark）[36]、贝尔（Bell）[102]、贝利（Bailly）[103]、李江帆[106]、李娟[113]、刘中艳和李明生[117]、孙永波和甄圆圆[37]、贾佳霖和陈鑫[33]、王晓燕和师亚楠[130]、周佳婷和宋德军[131]、穆克瑞[27]等等，通过文献计量方法来对基于云端互动的现代服务业发展的影响因素进行筛选。

（3）可以进一步深入研究基于云端互动的现代服务业发展的关键影响因素的识别方法。考虑已有的研究成果，例如，史曼菲[21]、程毛林等[38]均指出了针对某城市或地区的现代服务业发展的研究可以首先考虑关键影响因素或主要影响因素的识别。通过分析各影响因素的重要性，并考虑各影响因素间可能会有直接或者间接互相关联、互相影响的情形，借鉴 DEMATEL 方法和学术思想[148~150]，识别出基于云端互动的现代服务业发展的关键影响因素。

（4）可以进一步深入研究基于云端互动的现代服务业发展的关键影响因素的修正和补充原则与策略。针对现实中的具体情况，将基于 DEMATEL 方法识别出的关键影响因素直接用于目标城市或地区的研究难免有一些不适应性，且管理者或决策分析者对事物的认知能力以及对信息的处理能力的有限性，因此，可以考虑运用德尔菲法对识别出的现代服务业发展的关键影响因素进行修正，并采用头脑风暴法对关键影响因素进行补充[39~43]。

（5）可以进一步深入研究基于云端互动的现代服务业发展路径选择方法。杜永红[136]、孙华玲[133]、侯守国等[22]、俞军等[12]、柳玉寿等[28]、郭志清和翟卫东[141]、穆克瑞[27]均在已有的研究中给出了关于某城市或地区现代服务业发展路径生成与优选的原理和思想。此外，索（Suo）等[147]指出有必要考虑到要素（影响因素）及评价指标之间的关联关系，所以，本书将基于云端互动的现代服务业的发展视为复杂适应性系统，并依据卡夫曼（Kauffman）[45]的 NK 模型理论和赖特（Wright）[151]的适应度景观理论，给出基于 NK 模型的现代服务业发展路径的选择方法。

2.6　本章小结

本章在对多个数据库进行检索及相关研究成果筛选的基础上，围绕现代服务业相关概念界定、现代服务业发展的影响因素和现代服务业发展路径选择的含义及方法等方面的研究进行了文献综述。首先，针对关于现代服务业相关概念界定的研究进行了综述，包括现代服务业的概念、现代服务业的基本特征和现代服务业的基本分类；其次，针对现代服务业发展的影响因素的研究进行了综述；再其次，针对现代服务业发展路径选择的含义及方法的研究进行了综述，其中包括现代服务业发展路径选择的含义和现代服务业发展路径选择的方法；最后，对已有研究成果的主要贡献与不足之处进行了总结，并给出了已有研究成果对本书的启示。通过本章对于现代服务业相关概念界定、现代服务业发展影响因素和现代服务业发展路径选择的含义及方法等方面的研究的文献综述工作，更加明晰了研究基于云端互动的现代服务业发展路径选择问题，深化了本书的研究意义，为本书后续研究工作奠定了坚实的基础。

第 3 章

基于云端互动的现代服务业发展
路径选择的理论基础及研究框架

通过第 2 章中针对基于云端互动的现代服务业发展路径选择的已有相关研究成果的综述工作，了解了现代服务业发展路径选择问题的研究现状，并总结了相关研究成果的主要贡献与不足之处以及对本书研究工作的启示。本章将进一步对基于云端互动的现代服务业发展路径选择的相关概念进行分析并明确理论基础。首先，给出基于云端互动的现代服务业发展路径选择的相关概念分析与界定并阐述相关的理论基础；然后，给出基于云端互动的现代服务业发展路径选择问题的学术思想及一般性描述；最后，给出基于云端互动的现代服务业发展路径选择的研究框架以及有关说明。通过本章的研究，为本书后续章节研究工作的开展奠定理论基础。

3.1　现代服务业发展路径选择的
相关概念分析与界定

本节将针对现代服务业发展路径选择的相关概念进行分析和界定。

3.1.1 现代服务业发展路径选择的概念界定

从已有研究成果可知，广义上的现代服务业是以现代科学技术特别是信息网络技术为主要支撑，建立在新的商业模式、服务方式和管理方法基础上的服务产业。它既包括随着技术发展而产生的新兴服务业态，也包括运用现代技术对传统服务业的改造和提升[76]。所以，现代服务业是伴随着信息技术和知识经济的发展而产生的，符合服务业发展的一般规律的产业，韩云[77]、安筱鹏[47]、魏绍琼[83]、王玲芳[84]、张赤东[48]均明确指出现代服务业的发展强调以新技术、新业态和新模式来创造需求、引导消费，向社会提供高附加值、高层次、知识型的生产服务和生活服务的服务业，其本质是实现服务业的现代化。

因此，管理者或决策分析者应根据某城市或地区的经济发展的实际状况，有针对性地选择适合现代服务业发展的具体路径，即随着环境的不断变化，合理分析影响现代服务业发展的因素及影响因素间的相互关系，并对现代服务业的发展路径进行选择、调整和重塑。

关于现代服务业发展路径选择的概念界定，学术界尚未形成统一的观点，学者们在不同视角的现代服务业发展路径研究中并未明确界定现代服务业发展路径选择的含义，有的学者将现代服务业发展路径选择视为发展现代服务业的战略选择，有的学者认为现代服务业发展路径选择即为现代服务业发展目标及方向的确定，还有的学者将现代服务业发展路径选择视为给出现代服务业未来发展的对策和建议。例如：夏名首[132]在研究中部地区现代服务业发展现状及路径选择中，将现代服务业发展路径选择直接视为发展现代服务业的战略选择；王慧[24]研究新常态下辽宁现代服务业创新发展路径分析中指明未来辽宁省现代服务业发展的方向和实施路线，即路径选择；孙华玲[133]对山东省现代服务业存在问题及症结进行分析并提出了加快山东省现代服务业发展的新思路，即现代服务业发展路径；侯守国等[22]在分析现代服务业发展的影响因素后，确定现代服务发展的基本方向，即现代服务业发展路径；

张胜等[23]在基于产业价值链的现代服务业科技发展路径研究中，给出其发展的基本步骤，即基于产业价值链的现代服务业科技发展路径；王可侠和彭玉婷[134]将现代服务业发展的路径研究视为对现代服务业发展对策和建议的研究；张晶敏和林荫[135]研究辽宁省现代服务业发展路径的选择问题，在明确发展现代服务业的战略重点和举措后，提出相关的发展策略，即辽宁省现代服务业发展的路径。穆克瑞[27]从经济自由度视角对海南自由贸易港现代服务业发展路径的研究中，为海南自由贸易港发展现代服务业设计了实现发展目标的实施路线，即发展路径。

不难看出，虽然学者们对现代服务业发展路径选择的内涵尚未明确界定，但学者们普遍认为现代服务业的发展路径选择须建立在对环境的分析和对其发展的影响因素的判断而做出决策的过程。所以有关现代服务业发展路径选择的研究应从现代服务业发展的影响因素分析入手而展开的。

综上所述，本书认为，进行现代服务业发展路径选择就是确定现代服务业的发展目标和方向，并据此给出具体的发展路线，即现代服务业发展的具体实施步骤。换言之，现代服务业发展路径的选择可以视为现代服务业发展方向和实现其发展目标的具体实施过程的描述。

3.1.2　现代服务业发展影响因素的概念界定

关于现代服务业发展影响因素的内涵，学者们并未给出明确的概念界定，但学者们在研究中普遍认同现代服务业发展的影响因素即为可能加快或制约现代服务业发展的一些因素[24]，这些因素对现代服务业发展的路径选择会产生重要影响[24]。

许多学者指出现代服务业是一个关联性极强的产业，他们均明确指出现代服务业的发展势必会受到诸多因素的影响[123~130]，例如：人口密度、城市化水平、收入水平、市场化程度、国际化水平、区域开放程度、服务消费水平、产业融合度等因素都对现代服务业的发展产生重要影响。

因此，本书对现代服务业发展的影响因素界定为那些对现代服务业的发展有关联的重要因素，或加快其发展，或制约其发展，换言之，是决定现代服务业健康发展的原因或条件，也直接决定着发展现代服务业的路径选择。除此之外，本书认为这些影响因素之间相互关联、相互影响、相互作用。

综上所述，明确现代服务业发展影响因素的内涵更有助于正确理解现代服务业发展的内在机理和逻辑，因此，本书对现代服务业发展路径选择的概念界定是选择适合的现代服务业具体发展路线，其描述了为实现现代服务业发展目标的具体实施步骤，而现代服务业发展的影响因素则是在现代服务业发展过程中相互影响、相互协调、共同作用，进而能够形成一个良性循环的、有竞争力的、且有利于长期发展的系统，从而实现现代服务业的可持续发展。

3.1.3 现代服务业发展关键影响因素的概念界定

城市或地区在发展其现代服务业，首先要明确影响其现代服务业发展的关键影响因素，这里将对现代服务业发展的关键影响因素的概念进行说明和界定。

由前文可知，现代服务业的发展涉及诸多方面的影响因素，不同城市或地区的环境不同，经济发展状况不同，诸多影响因素在不同城市或地区对现代服务业的发展的影响不尽相同，所以本书对现代服务业发展的关键影响因素的界定是那些在现代服务业发展中发挥重要影响作用的因素。所以管理者或决策分析者应根据实际情况，针对现实中某城市或地区的现代服务业发展路径选择问题，选择在现代服务业发展过程中最具代表性、影响最大的因素来确定成为关键影响因素。

综上所述，本书认为：现代服务业发展的关键影响因素的确定需要综合考虑某城市或地区的环境因素，找出那些对某城市或地区现代服务业的发展，影响较大的因素，即关键影响因素。

3.2 基于云端互动的现代服务业发展路径选择的相关概念界定

针对基于云端互动的现代服务业发展路径选择方法的研究，有必要先明晰基于云端互动的现代服务业发展路径选择的概念及理论，本节将针对云计算和数字经济的基本概念及发展背景进行概述，并对基于云端互动的现代服务业发展路径选择的概念界定进行说明。

3.2.1 云计算概述

2006 年，亚马逊（Amazon）公司推出了 Amazon 网络服务（Amazon Web Service），被视为早期的云计算产品[152]。目前，云计算已经有了十几年的发展历史，但是对于云计算的准确含义，学术界还存在着一定的分歧。

云计算（cloud computing）是分布式计算的一种，是通过网络"云"将巨大的数据计算处理程序分解成无数个小程序，通过多个服务器组成的系统进行处理和分析这些小程序得到结果并返回给用户[153]。

早期的云计算，就是简单的分布式计算，解决任务分发，并进行计算结果的合并，因而云计算又称为网格计算。通过这项技术，可以在很短的时间内（几秒钟）完成对数以万计的数据处理，从而实现强大的网络服务。现阶段所说的云计算已经不单单是一种分布式计算，而是分布式计算、效用计算、负载均衡、并行计算、网络存储等多种计算机技术的综合运用，可以在较短时间内完成海量的数据处理，为网络服务提供强大的服务保障[153]。

综上所述，云计算早已不是一种全新的网络技术，而是一种全新的网络应用概念，云计算的核心概念就是以互联网为中心，在网站上提供快速且安全的云计算服务与数据存储，让每一个用户都可以使用网络上的庞大计算资源与数据中心，其本质是一种全新的获取 IT 资源的新模式。例如：在传统的方式下，企业需要通过自建机房的方式来获得 IT 资源，而在云计算的模式下，企业不需要自建机房，只要接入网络，就可以从"云端"租用各种 IT 资源。

林子雨[154]指出云计算包括 3 种典型的服务模式：基础设施即服务（infrastructure as a service，IaaS）、平台即服务（platform as a service，PaaS）和软件即服务（software as a service，SaaS）。其中，IaaS 将基础设施（计算资源和存储设备）作为服务出租，PaaS 把平台作为服务出租，SaaS 把软件作为服务出租。例如：基础设施运营包括数据中心运营商、网络运营商、移动通信运营商等，向客户出售服务器、存储和网络设备、宽带等基础设施资源；平台厂商包括 Google、新浪、阿里巴巴等，将平台作为服务出租给客户，包括平台的应用设计、应用开发、应用测试、应用托管；软件服务商主要包括 salesforce、Google、IMB、Microsoft 等，向用户提供各种应用服务。

云计算包括公有云、私有云和混合云三种类型。公有云面向所有用户提供服务，只要注册的用户都可以使用；私有云只为特定用户提供服务，例如，有些企业自建云计算环境，只为企业内部提供服务；混合云综合了公有云和私有云的特点，一部分数据放置在私有云中，另一部分数据放置在公有云中[154]。

简单来说，云计算就是将互联网中千千万万的计算机统筹起来，一同在云计算的模式下运行。云计算之所以被称为"云"，源于对用户而言，其完整的计算过程仿佛遮了一片"云"。而云计算为网络中所汇集的计算、存储、数据以及应用等资源搭建出资源共享池，被人们称为"云端"。当我们使用云计算服务商提供的云存储服务时，将数据保存在"云端"，"云端"只是一个形象的说法，这些"云端"的数据实际上是被保存在各地修建的数据中心里，用户可以从"云端"得到各类资源，并获取有效的信息。需要指出的是，对于用户而言，用户不必购买大量设备和搭建平台基础设施，就可以共享资源，不仅可以提高互联网资源的利用率，降低用户获取服务的成本，还可以根据自身需求自助变更服务，为行业的创新发展奠定基础。

云计算数据中心包含一整套复杂的设施，宽带网络、环境控制设备、监控设备以及各种安全装置等。数据中心是云计算的重要载体，为云计算提供计算、存储、宽带等各种资源，为各种平台和应用提供运行支撑环境。云计算通过数据中心把庞大的 IT 资源汇聚在一起，再通过计算机网络分发给千家万户。

谷歌（Google）、微软（Microsoft）、国际商业机器公司（IBM）、惠普（HP）、戴尔（DELL）等国际 IT 巨头纷纷投入资本在全球范围内大量修建数据中心，我国政府和企业也都在加大力度建设云计算数据中心。随着云计算在金融、教育、医疗等现代服务业领域的应用不断深化，对促进产业转型升级和培育发展新兴产业等都起到了关键的作用。例如："教育云"可以有效整合幼儿教育、中小学教育、高等教育以及继续教育等优质教育资源，逐步实现教育信息共享、教育资源共享以及教育资源深度挖掘等目标。"企业云"能够以较低的成本建立财务、供应链、客户关系等管理应用系统，大大降低企业信息化门槛，迅速提升企业信息化水平，增强企业市场竞争力。"医疗云"可以推动医院与医院、医院与社区、医院与家庭之间服务共享，并形成一套全新的医疗健康服务系统，从而有效地提高医疗保健的质量。

我们在日常生活中，也经常能看到"云服务"的存在，例如：百度网盘、夸克网盘、苹果手机的 iCloud 等。阿里巴巴、腾讯、快手等科技企业也在其运行架构中引入了云计算，降低了运营成本，提高了市场竞争力。

由此可见，云计算意味着整合和优化各种 IT 资源并通过网络以服务的方式面向用户。云计算的分布式数据存储和管理系统提供了海量数据的存储和管理能力，是大数据分析的前提条件。城市或地区现代服务的企业间，以及跨行业间的"云端互动"意味着海量的数据存储和数据的交换与共享，这正是服务业"现代化"的意义所在[142]。因此，基于云端互动研究现代服务业的发展是非常有必要的，云计算和大数据是未来发展现代服务业的先决条件，通过数据在"云端互动"能够极大程度上降低成本，帮助现代服务企业挖掘有价值的信息，并为管理者及决策分析者的决策提供依据。

3.2.2　数字经济概述

数字经济由"信息经济"的概念演化而来，是美国经济学家马克卢普（Machlup）[145]在其 1962 年的著作《美国的知识生产与分配》中提到了"信息产业"和"知识产业"，20 世纪 80 年代，美国经济学家保尔·霍肯（Paul Hawken）[155]明确提出"信息经济"的概念，该研究认为信息经济是以新技术、新知识和新技能贯穿整个社会活动的新型经济形势。随着 20 世纪八九十年代互联网技术日趋成熟，全球互联网络产生的海量数据要求更高的存储、处理和计算能力，以基于互联网络进行的生产、交换、分配和消费为主的新的经济活动，即"网络经济"的概念被提出，1996 年麻省理工学院教授尼古拉（Nicholas）[156]在其著作《数字化生存》一书中提到人类生存于一个虚拟的、数字化的生存活动空间，被誉为"数字经济之父"的美国学者泰普斯科特（Tapscott）[157]在同年的著作《数字经济：网络智能时代的前景与风险》中正式提出了"数字经济"的概念。美国商务部在 1998 年、1999 年和 2000 年正式出版了《浮现中的数字经济Ⅰ》《浮现中的数字经济Ⅱ》《数字经济2000》等研究报告[158~160]。因此，"数字经济"的概念在 20 世纪末得以出现、传播并被广泛接受，与此同时，数字经济也在技术的飞速迭代和商业模式的广泛创新下持续快速发展，给经济、社会、政治等多方面带来深刻的变革。

不难看出，数字经济是以数据资源为关键要素，以现代信息网络为主要载体，以信息通信技术融合应用、全要素数字化转型为重要推动力的新经济形态。数字经济引导和实现资源的快速优化配置与再生、实现经济高质量发展的经济形态。数字经济发展速度快、辐射范围广、影响程度深，正推动生产方式、生活方式和治理方式的深刻变革，成为重组要素资源、重塑经济结构、改变竞争格局的关键力量。

3.2.3　基于云端互动的现代服务业发展路径选择的概念界定

目前，随着互联网的不断发展，我国已经进入数字经济时代[142~144]，大数据、云计算、物联网等数字技术改变着我们的生产方式、生活方式和生产关系，数字技术助力经济发展，给经济增长带来新的动力，数字经济对各行各业的渗透不断加快，产业之间的界限不断模糊，数据和信息已经成为重要的生产要素。

伴随着数字经济的蓬勃发展，不断推动着现代服务业的飞速发展，现代服务业发展涉及现代服务企业转型、业态创新、产业结构优化等。大数据、云计算和人工智能等信息技术日益渗透现代服务业领域，不仅可以降低交易成本，还可以更准确地统计和预测用户的需求，与此同时，还催生出了新型服务产品，更有针对性地服务用户，提高资源配置效率，全面推动现代服务业的快速发展，实现从规模经济到范围经济的转型。例如：新东方、学而思等在线知识服务打破了时空限制；淘宝、京东等在线平台极大降低了现代服务业的固定资产成本；共享单车等基于移动支付的新型服务业态的出现改变了人们的生活方式和出行方式；等等。云计算可以为各类数字技术的发展提供强有力的数据存储、运算及应用服务，是数字经济时代不可忽略的基础设施，也是释放数字价值，驱动数字创新的重要动力[154]。

因此，云计算作为新兴信息技术之一，是数字经济发展不能忽略的基础设施，云计算支撑着数字经济发展，也是现代服务业产业升级的重要基石。本书认为：基于云端互动发展现代服务业意味着将云计算等数字技术与实体经济深度融合，以互联网络为主要载体，将数据作为关键生产要素之一来发展和创新现代服务业。加强现代服务企业间的"云端互动"，是将数字技术渗透到企业生产活动的各个环节中，即将生产的每一个环节，都可以看成是一个处理信息、共享资源的过程，将生产和消费过程中生成的数据收集起来并在"云端"进行处理，整合成有效的信息，更好地指导资源配置。"云端互动"使得信息的收集、存储和处理过程变得更加简易，生产要素的匹配效率更高。例如：企业间、产业间进行数据共享和数据交换，极大提高了供需匹配的精准性，减少了生产、交易成本，通过对数据的收集、运算和分析，改变了生产对于需求反应存在滞后性的问题，能更加精准地安排生产任务，实现低库存、高效率的生产方式。同时，传统的服务模式与云计算等数字技术融合，能够进一步创新商业模式与业态，丰富服务内容，增加要素投入，并且更加精准匹配用户消费需求，提供更加个性化、差异化的服务，有效提高服务效率，并且优化组织架构。

综上所述，"云端互动"能够变革生产方式、重构组织形态、推动现代服务企业内部改造等方式，打造新平台新生态，提高要素配置效率和供需匹配程度，推动现代服务业数字化、智能化转型，推动新业态健康发展，给经济带来新的增长空间和动能。进行"云端互动"，使得现代服务业具有了融合发展的基础，关于如何进行现代服务企业的"云端互动"，又如何实现跨行业间的融合发展，需要找出其具体的实施步骤，即基于云端互动的现代服务业发展路径选择。

3.3 基于云端互动的现代服务业发展路径选择的学术思想及问题描述

通过本书第 2 章对现代服务业的相关概念界定、现代服务业发展的影响因素和现代服务业发展路径选择的含义及方法等方面的梳理与学习，以及针对现实中广泛存在的城市或地区的现代服务业发展路径选择问题的梳理与总结，本节首先阐述基于云端互动的现代服务业发展路径选择的学术思想，然后给出基于云端互动的现代服务业发展路径选择问题的一般性描述。

3.3.1 基于云端互动的现代服务业发展路径选择的学术思想

一些研究成果表明：现代服务业发展路径的选择应基于云端互动的视角，

现代服务业发展路径的选择就是选择更适合的方式实现现代服务业的可持续发展。通过文献综述，不难看出，城市或地区的现代服务业发展路径的选择是一个复杂的决策过程，诸多因素影响着现代服务业的发展路径选择，且影响因素之间还相互关联、相互影响。如图 3.1 所示，本书给出的基于云端互动的现代服务业发展路径选择的学术思想路线图。第一，通过文献梳理，并基于文献计量分析筛选出现代服务业发展路径选择的影响因素；第二，通过对现实中某城市或地区的环境分析，考虑影响因素之间相互关联的情形，进而识别出那些在基于云端互动的现代服务业发展中具有重要影响作用的因素，即关键影响因素；第三，考虑到将识别出的基于云端互动的现代服务业发展的关键影响因素直接用于目标城市或地区，难免有一些不适应性，且管理者或决策分析者对事物的认知能力以及对信息的处理能力的有限性，本书拟采用德尔菲法和头脑风暴法对基于云端互动的现代服务业发展的关键影响因素进行修正和补充；第四，借鉴 NK 模型理论，给出现代服务业发展路径选择的关键影响因素的关联性分析，通过对基于云端互动的现代服务业发展的各关键影响因素的不同决策选择的结果进行组合，可以得到基于云端的互动的现代服务业发展的决策选项集合；第五，在此基础上，根据最终得到的基于云端互动的现代服务业发展的决策选项集合及其对应的适应度值，绘制出基

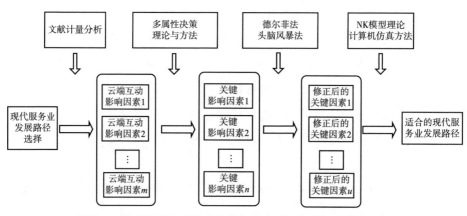

图 3.1　基于云端互动的现代服务业发展路径选择的学术思想

于云端互动的现代服务业发展的适应度景观图；第六，运用计算机仿真技术给出基于云端互动的现代服务业发展最优路径的生成及优选方法。

由此可见，为了生成基于云端互动的现代服务业发展路径，识别并确定基于云端互动的现代服务业发展的关键影响因素是开展后续研究的前提条件。依据相关的战略管理理论，究竟如何针对某地区现代服务业发展自身情况识别出基于云端互动的现代服务业发展的关键影响因素，如何对基于云端互动的现代服务业发展的关键影响因素进行修正与补充，如何依据 NK 模型理论生成适应度景观图，并据此选择适合的基于云端互动的现代服务业发展路径是需要深入研究的重要问题。基于上述分析可知，迫切需要研究一种新的、有效的决策理论与方法来解决现实中的基于云端互动的现代服务业的发展路径选择问题。

3.3.2 基于云端互动的现代服务业发展路径选择问题的一般性描述

基于云端互动的现代服务业发展路径选择过程包含了若干具体的决策分析问题，这里提炼出基于云端互动的现代服务业发展路径选择过程中所涉及的四个典型的决策分析问题，即针对基于云端互动的现代服务业发展的影响因素筛选问题、针对基于云端互动的现代服务业发展的关键影响因素识别问题、针对基于云端互动的现代服务业发展的关键影响因素的修正与补充问题和针对基于云端互动的现代服务业发展路径的生成与优选问题。因此，关于基于云端互动的现代服务业发展路径选择的一般性描述，可以归纳为四个决策分析问题的描述。

针对基于云端互动的现代服务业发展的影响因素筛选问题是指如何筛选出那些对基于云端互动的现代服务业发展具有推动和制约作用的因素，即基于云端互动的现代服务业发展的影响因素。在这个影响因素筛选问题中，可以依据已有的现代服务业发展的影响因素的相关文献分析，综合考虑学者们在不同研究中给出的现代服务业发展的影响因素，采用文献计量方法来筛选基于云端互动的现代服务业发展的影响因素。

针对基于云端互动的现代服务业发展的关键影响因素识别问题是指如何识别出那些在某城市或地区的现代服务业发展中具有重要作用的影响因素。在这个关键影响因素识别问题中，需要在影响因素筛选和分析的基础上，聘请多个专家，考虑各影响因素之间相互关联、相互影响的情形，针对现有影响因素的重要性进行评价与分析，通过充分获取专家的评价信息来针对某城市或地区基于云端互动的现代服务业发展的关键影响因素进行识别。

针对基于云端互动的现代服务业发展的关键影响因素的修正与补充问题是指如何针对某城市或地区的实际情况，对识别出的基于云端互动的现代服务业发展的关键影响因素进行适当的修正和补充。在这个关键影响因素修正和补充问题中，考虑到管理者或决策分析者对事物的认知能力以及对信息的处理能力的有限性，拟聘请多个专家，采用德尔菲法对基于文献计量分析筛选出的基于云端互动的现代服务业发展的关键影响因素进行修正，并采用头脑风暴法对其进行补充。

针对基于云端互动的现代服务业发展路径的生成与优选问题是指如何借鉴 NK 模型的理论进行现代服务业发展路径的生成及优选。在这个现代服务业发展路径选择问题中，通过分析某城市或地区关键影响因素数量可以确定参数 N，然后通过对关键影响因素的关联性分析得到参数 K，在此基础上绘制出基于云端互动的现代服务业发展的适应度景观图，并采用计算机仿真的方法确定基于云端互动的现代服务业发展的最优路径。

3.4 基于云端互动的现代服务业发展路径选择的研究框架

本节在借鉴关于现代服务业发展路径选择问题的已有研究成果的基础上，给出基于云端互动的现代服务业发展路径选择的研究框架以及研究框架的有关说明。

3.4.1 研究框架

依据已有相关研究成果的分析以及上一节给出的基于云端互动的现代服务业发展路径选择的学术思想及问题描述，这里给出基于云端互动的现代服务业发展路径选择方法的研究框架，如图 3.2 所示。

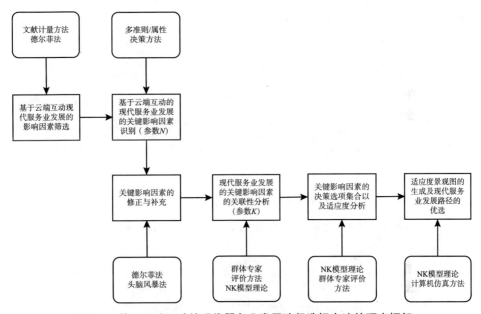

图 3.2 基于云端互动的现代服务业发展路径选择方法的研究框架

在图 3.2 研究框架中，可以明确看到基于云端互动的现代服务业发展路径选择方法所涉及若干具体研究问题或研究内容以及先后逻辑关系，同时还可以明确看到针对每个研究内容所需要的理论与方法的支撑。在研究框架中，涉及的主要研究内容包括六个部分：

（1）基于云端互动的现代服务业发展的影响因素筛选。通过对已有的有关现代服务业发展的影响因素的相关文献分析，并综合考虑不同学者们从不同视角在不同研究中给出的诸多现代服务业发展的影响因素，采用文献计量方法对基于云端互动的现代服务业发展的影响因素进行筛选。

（2）基于云端互动的现代服务业发展的关键影响因素的识别。通过专家们针对某城市或地区的实际情况，对影响因素重要性的评价与分析以及采用多属性决策方法（DEMATEL 方法）对基于云端互动的现代服务业发展的关键影响因素进行识别。

（3）基于云端互动的关键影响因素的修正与补充。考虑到将识别出的基于云端互动的现代服务业发展的关键影响因素直接用于目标城市或地区，难免有一些不适应性，且管理者或决策分析者对事物的认知能力以及对信息的处理能力的有限性，拟采用德尔菲法对基于文献计量分析筛选出的基于云端互动的现代服务业发展的影响因素进行修正，采用头脑风暴法对基于云端互动的现代服务业发展的影响因素进行补充，最终确定针对某城市或地区的基于云端互动的现代服务业发展的关键影响因素，并据此确定 NK 模型中的参数 N。

（4）现代服务业发展的关键影响因素的关联性分析。采用群体专家评价方法，对关键影响因素之间的关联情形进行评价分析，并据此确定 NK 模型中的参数 K。

（5）基于云端互动的关键影响因素的决策选项集合以及适应度分析。依据 NK 模型理论，通过对各关键影响因素的不同决策选择的结果进行组合，可以得到基于云端互动的现代服务业发展的决策选项集合。

（6）适应度景观图的生成及基于云端互动的现代服务业发展路径的优选。依据 NK 模型理论，利用随机分布函数为每一个决策的选择结果随机分配适应度值，并根据最终得到的现代服务业决策选项集合及其对应的适应度值，绘制出基于云端互动的现代服务业发展的适应度景观图，在此基础上依据相应的"攀爬方式"，利用计算机仿真技术对基于云端互动的现代服务业的发展路径进行优选，并给出基于云端互动的现代服务业发展路径选择结果及分析。

3.4.2 研究框架的有关说明

针对本书关注的基于云端互动的现代服务业发展路径选择问题的研究框架，从以下三个方面给出简要的说明。

3.4.2.1 关于群体专家评价信息的获取

在本书给出的基于云端互动的现代服务业发展路径选择问题的研究框架中的每一个提炼出的决策分析问题中，群体专家评价信息的获取都是不可缺少的重要组成部分。这是因为，基于云端互动的现代服务业发展路径选择的过程中不能完全依靠定量建模分析，还需要一些基于经验的、主观的定性分析，而管理者或决策分析者往往局限于内部人员的有限理性，他们的评价和判断只能代表某一特定的群体，不能全面地反映出某城市或地区的基于云端互动的现代服务业发展路径选择中的客观实际情况，所以关于专家评价信息的获取是非常重要的。

3.4.2.2 关于现代服务业发展关键影响因素的考虑

在本书给出的基于云端互动的现代服务业发展路径选择问题的研究框架中，均根据不同的决策环节关注了城市或地区的基于云端互动的现代服务业发展的关键影响因素，并给出了基于云端互动的现代服务业发展路径选择方法。这是因为，在城市或地区的基于云端互动的现代服务业的发展过程中，往往会受到诸多因素的影响，鉴于管理者或决策分析者的有限理性，在进行基于云端互动现代服务业发展路径选择时，对基于云端互动的现代服务业发展中所有的影响因素进行全面、完整的分析和考量是不现实的，由于每个影响因素在基于云端互动的现代服务业发展过程中所发挥的作用不尽相同，因此，管理者或决策分析者应首先针对某城市或地区的实际情况，对基于云端互动的现代服务业发展的影响的重要性进行综合的判断和分析，从而识别出那些在某城市或地区的基于云端互动的现代服务业发展过程中最重要的影响因素，即关键影响因素，然后通过对关键影响因素的全面、深入地分析为某城市或地区的基于云端互动的现代服务业的发展选择最合适的路径。

3.4.2.3 关于基于云端互动的现代服务业发展的关键影响因素的确定

在本书给出的基于云端互动的现代服务业发展路径选择问题的研究框架中，给出了基于云端互动的现代服务业发展的关键影响因素的识别方法，但是基于云端互动的现代服务业发展的关键影响因素的识别、基于云端互动的现代服务业发展的关键影响因素的修正和补充、基于云端互动的现代服务业发展的关键影响因素的决策选项集合以及适应度分析，均没有确定具体的关键影响因素和关键影响因素的决策选项集合。这是因为，由于不同城市或地区的经济发展状况不同，其基于云端互动的现代服务业发展的情况也不尽相同，外部环境因素也大不相同，相应地，可能会出现基于云端互动的现代服务业发展的影响因素在不同城市或地区所发挥的作用不同，即不同城市或地区的基于云端互动的现代服务业发展的关键影响因素也会有所不同。所以，由于无法确定具有普适性的关键影响因素，本书仅给出基于云端互动的现代服务业发展的关键影响因素的识别方法、基于云端互动的现代服务业发展的关键影响因素的修正与补充方法、基于云端互动的现代服务业发展的关键影响因素的决策选项集合以及适应度分析等等。现实中，管理者或决策分析者将根据某一具体的城市或地区的自身经济发展状况和外部环境，结合实际采用本书给出的方法进行基于云端互动的现代服务业发展的关键要素的识别、关键影响因素的修正与补充、关键影响因素的决策选项集合以及适应度分析等等。

3.5 本章小结

本章给出了基于云端互动的现代服务业发展路径选择的理论基础及研究框架。具体地，分别给出了现代服务业发展路径选择的概念界定、现代服务业发展影响因素的概念界定、现代服务业发展的关键影响因素概念界定，以及基于云端互动的现代服务业发展路径选择的相关概念界定。在借鉴已有的关于现代服务业的相关概念、现代服务业发展的影响因素和现代服务业发展路径选择的含义及方法等方面的研究成果的基础上，给出了基于云端互动的现代服务业发展路径选择方法研究的学术思路及一般性问题描述，并给出了相应的研究框架及有关说明。通过本章的工作，奠定了本书所关注的研究的理论基础，明确了具体研究问题，建立了后续章节研究工作的体系结构。

第4章
基于云端互动的现代服务业发展的影响因素筛选方法

由第 3 章给出的基于云端互动的现代服务业发展路径选择问题描述和研究框架可知，针对基于云端互动的现代服务业发展的影响因素筛选是基于云端互动的现代服务业发展路径选择的核心环节之一。本章将围绕基于云端互动的现代服务业发展的影响因素筛选方法进行研究，首先给出基于云端互动的现代服务业发展的影响因素筛选的问题描述，然后给出基于文献计量分析的现代服务业发展的影响因素筛选方法。

4.1 问 题 描 述

本节围绕基于云端互动的现代服务业发展的影响因素筛选的问题进行描述。

目前，虽然学术界关于现代服务业概念界定的研究尚未形成统一的研究成果，但大多数学者们认为现代服务业发展路径的选择会受到一系列因素的影响，即基于云端互动的现代服务业发展的影响因素。学者们对于现代服务业发展路径选择的研究起源于对现代服务业发展的影响因素的探讨和研究，针对现代服务业发展的影响因素的研究是基于现代服务业概念界定的认知衍生而来，由于每个学者的研究背景、动机、目的和视角都不尽相同，所以学者们对于现代服务业发展的影响因素的研究也存在着一定的分歧。例如，费希尔（Fisher）[35]、克拉克（Clark）[36]、贝尔（Bell）[102]认为人均收入和人均GDP是对现代服务业的影响最大的两个因素；辛格曼（Singelman）[5]提出城市化因素可以推动现代服务业的发展；拜尔斯（Beyers）[104]提出城市的经济增长水平也对现代服务业会产生一定的影响；李江帆[106]指出人均GDP、人口密度、城市化水平、收入水平等因素对现代服务业的发展产生重要影响；倪鹏飞[107]指出人口密度、城市化水平、收入水平等因素都对现代服务业的发展产生重要影响；李娟[113]指出居民消费需求状况、整体经济发展水平、信息化程度、工业化水平、城市化和国际化水平对现代服务业的发展有重要影响；甄晓非和谢律威[118]通过分析总结认为区域的基础知识结构、科技环境、社会环境和科技支撑力是现代服务业的主要影响因素；司玉娜[122]总结归纳了影响关中—天水经济区现代服务业发展的五个方面的主要影响因素，即经济基础、产业结构、城市化水平、现代服务行业发展、对外开放程度；孙永波和甄圆圆[37]研究了北京市现代服务业的发展，研究表明城市化水平、经济发展水平、工业化水平、服务消费需求水平、政府投资支出及区域开放度与北京现代服务业发展均存在正相关关系；张丞坤[123]研究了云南省现代服务业的发展，研究表明城市化水平、城镇居民人均可支配收入、市场化程度和外资投入等是影响云南省现代服务业竞争力的主要因素；段文斌等[124]认为教育水平、对外开放程度、科技投入可以促进现代服务业的发展；汪洋[125]运用实证研究分析了西安市现代服务业的发展，研究表明现代服务业就业人数占总人数比重、外资投资额、现代服务业科技人员数量、人均国民生产总值、固定资产投资总额等指标对西安市现代服务业的发展有显著的影响；陈景华和王素素[126]认为全社会固定资产投资、进出口规模、人力资本水平、城镇化水平对现代服务业的增加值具有明显的促进作用；刘英杰[128]通过对全国时间序列数据进行实证分析得出经济发展水平和经济发展模式对于生产性服务业发展有较大影响；刘中艳和史鹏飞[17]以甘肃省为研究对象考察现代服务业发展影响因素，得出市场开放程度、固定资产投资额对现代服务业发展影响最为显著；孟琳琳等[15]采用了面板回归等方法对 2007～2017 年河南省现代服务业影响因素进行分析，研究指出，现代服务业发展主要受到经济发展水平、产业结构、城市规模、城市化水平、对外开放水平、资本支持、人力资本、信息化水平、交通条件、政府保护和消费需求等因素影响，其中，经济发展水平对河南省现代服务业发展影响最大，交通条件、资本支持、信息化水平和人力资本对现代服务业发展具有不同程度的促进作用，工业化水平、政府行为对其产生显著的负影响；穆克瑞[27]指出现代服务业发展众多影响因素中，政府投资、外商直接投资、生产要素流动、产权制度等在一定程度上影响现代服务业发展水平，这些影响因素与经济自由度指数评价指标、海南自由贸易港制度设计等具有天然的一致性；等等。

近年来，随着大数据、云计算等新技术的不断发展，越来越多的学者开始在新技术的背景下（云端互动的视角）来研究现代服务业的发展[142～144]，基于云端互动的现代服务业发展路径选择的影响因素是复杂的、多方面的，而这些因素之间相互关联、相互作用。因此，这里要解决的问题是：如何从若干相关文献中筛选出基于云端互动的现代服务业发展路径选择的影响因素。

4.2　基于云端互动的现代服务业发展的影响因素筛选

针对基于云端互动的现代服务业发展路径选择的影响因素的筛选问题，由于已有相关研究成果较多，且尚未形成统一的结论，所以本节考虑采用文献计量方法进行基于云端互动的现代服务业发展的影响因素筛选。下面首先给出文献计量方法的描述，然后，分析并给出基于文献计量分析的现代服务业发展的影响因素筛选方法。

4.2.1　文献计量方法概述

文献计量方法是对文献的定量分析和研究，又称为文献计量学方法，该方法始于 1917 年，动物学教授科尔（Cole）和博物馆馆长伊莱斯（Eales）进行合作研究，他们对 1543～1860 年欧洲各国刊物发表的关于比较解剖学的相关论文进行了统计，为文献计量方法的发展做出了开创性的工作[161,162]。1923 年，英国文献学家温德姆（Wyndham）首次提出了"文献统计学"的概念，1934 年，英国南肯辛顿的科学图书馆馆长布拉德福德（Bradford）通过对 490 种期刊上刊载的关于地球物理学的论文进行统计分析，发表了著名的文献集中与分散定律[162]。随后，普莱斯（Price）[163]提出科学技术都具有可积累性，新的知识来源于过去的知识。加菲尔德（Garfield）[164]也强调科技发明是发明人对若干已有概念进行重新组合的知识成果。1969 年普里查德（Pritchard）[165]将"文献统计学"重新命名为"文献计量学"，并对其定义为将数学与统计学用于文献、图书和其他通信媒介物的一门科学。从此，在经过了"统计书目学""图书馆计量学""图书馆统计学""文献统计学"等发展时期后，文献计量方法得到了迅速的发展。

中国关于文献计量方法的研究起步较晚，王崇德[166]指出文献计量方法是以文献或文献的某些特征的数量为基础，来论述与预测科学技术现象与规律的情报科学。王先林[167]也提出文献计量方法是以文献调查为对象，用数学和统计学的方法分析研究书刊文献资料和其他各类文献资料并从中引出各种结果而形成起来的一门新兴的边缘学科。之后国内外学者相继发表了关于文献计量方法的文章，纳林（Narin）等[168,169]认为，几乎所有的科技成果都是在前人工作的基础上发展起来的。费尔贝克（Verbeek）等[170]认为企业创新人员对科研文献的理解、认同和利用是引发科学和技术知识关联和最终造就技术转化的关键环节。目前，文献计量方法的应用范围越来越广泛，文献计量方法正在各个学科领域全面发展。

由此可见，文献计量方法是对文献的定量研究，能够反映科学、技术与学术的发展趋势[171]，该方法以文献体系和文献计量特征为研究对象，运用数学和统计学的计量方法，研究文献的分布结构、数量关系、变化规律和定量管理，并将文献信息交流过程中的基本规律用数学模型、数学语言等方法表示出来，以此来描述、评价和预测学术研究现状与发展趋势的一门学科[161,162]。这里需要指出的是，文献计量方法的主要研究对象是文献计量特征，进而形成可描述性的和相关性的文献计量指标，例如：篇（书）名、作者、合作者、分类号、来源项、文献类型、引文数量、引文语种、同被引等。研究者可通过使用适合的网络分析软件绘制文献计量分析图，并依据文献计量分析图来研究文献的一般规律，进而形成相应的研究结论。

关于文献计量方法的具体实施步骤，由于在不同研究领域中对文献的研究需求不同，文献计量方法的具体实施步骤不尽相同，采用的相关软件和数据分析过程也会存在差异。这里给出文献计量方法的主要步骤，如图 4.1 所示。

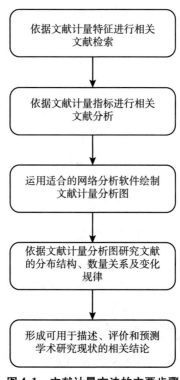

图 4.1　文献计量方法的主要步骤

4.2.2 基于文献计量分析的现代服务业发展影响因素的筛选

为了确定基于云端互动的现代服务业发展的影响因素，这里采用文献计量方法进行基于云端互动的现代服务业发展的影响因素的筛选。

首先，通过使用 Elsevier、Emerald、Informs、EBSCO、Springer Link、中国知网（CNKI）等数据库，以"现代服务业"和"现代服务业影响因素"为关键词进行文献检索，本研究仅搜索标题中检索包含"现代服务业"或"现代服务业影响因素"的文献，虽然许多文献在正文中提到了"现代服务业"或"现代服务业影响因素"，但并不是研究重点，因此在标题中检索包含"现代服务业"或"现代服务业影响因素"的文献可以保证文献样本的准确性、代表性和与本研究较大的相关性。另外，本书依据对基于云端互动的现代服务业发展的文献分析，其不仅包括在一般条件下的现代服务业发展的影响因素，还包括从大数据、云计算等新技术背景下产生的新方式、新模式、新业态的角度给出的现代服务业发展的影响因素，以上因素全部视为基于云端互动的现代服务业发展的影响因素。截至 2022 年 12 月共检索出相关文献826 篇。从已检索到的相关文献可以看出，有关基于云端互动的现代服务业发展影响因素的分析已具有较为丰硕的研究成果，关于基于云端互动的现代服务业发展影响因素的研究，早期的研究成果大多来自国外学者，我国学者在近年来的研究中也取得了一定的进展。

然后，从已检索到的相关文献中，通过分析挑选 40 篇具有代表性的文献，并对其进行进一步整理和分析。这里，采用文献计量方法将基于云端互动的现代服务业发展影响因素的相关概念进行梳理，其目的是找出最能准确描述和概括基于云端互动的现代服务业发展影响因素，即被学者们反复多次提到的影响因素。具体地，运用 Ucinet 网络分析软件绘制针对基于云端互动的现代服务业发展影响因素的相关文献的网络关系图（见图 4.2）。在图 4.2中，外层方块表示给出基于云端的互动的现代服务业发展影响因素的学者（或文献出处），里层圆点表示学者们所提到的基于云端互动的现代服务业发展的影响因素。其中，较大的圆点代表该影响因素为多数学者所认可，其可以作为基于云端互动的现代服务业发展路径选择的影响因素筛选的重要依据。

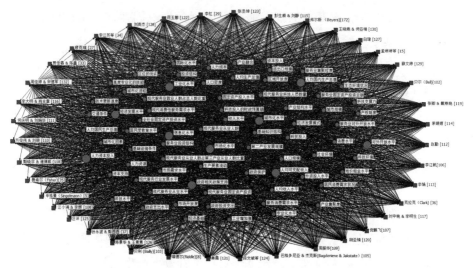

图 4.2　基于文献计量分析的现代服务业发展影响因素筛选

已有研究成果表明，从基于云端互动的现代服务业发展影响因素的数量来看，最少为 2 个，最多为 10 个；从基于云端互动的现代服务业发展影响因素本身来看，一共有 76 个要素被不同学者提到。如图 4.2 所示，在探讨基于云端互动的现代服务业发展影响因素的相关文献中，城市化水平、人均可支配收入、经济发展水平、人均国内生产总值、信息化水平、市场化水平、工业化水平、人力资本投入、政府相关政策支持、对外开放水平等影响因素被不同的学者多次重复提到。通过文献计量方法分析，可以剔除那些较少被学者们提到的影响因素，从而筛选出被学者们较多次提到的 10 个影响因素，如表 4.1 所示。

表 4.1   基于文献计量分析的现代服务业发展的影响因素的筛选结果

影响因素	影响因素描述
城市化水平	也称城市化率或城镇化率,是指城镇人口占总人口的比重
人均可支配收入	居民可用于最终消费支出和储蓄的总和,即居民可用于自由支配的收入
人均国内生产总值	城市或地区核算期内(通常为一年),国内生产总值与常住人口相比进行计算所得
经济发展水平	城市或地区经济发展的规模、速度和所达到的水准
信息化水平	数字时代,某城市或地区信息技术、信息资源的覆盖率及信息技术对经济发展的贡献率
市场化水平	城市或地区以市场需求为导向、优胜劣汰为手段、实现资源合理配置的程度
工业化水平	城市或地区利用机械化手段,以物质资料为原料,以资本和劳动为生产要素,进行大规模的物质产品的生产和消费的程度
人力资本投入	城市或地区为实现经济可持续发展,在教育和技术培训等方面进行的投资
政府相关政策支持	城市或地区为实现区域发展计划时,采取重点倾斜和优先扶持的措施
对外开放水平	城市或地区对外经济和市场开放的程度,通常具体表现为市场开放程度

通过相关文献内容的分析,可以发现有些现代服务业影响因素的提法和命名略有不同,但是含义却是相同的。例如,城市化因素、城市化进程、城市规模和城市化水平可被统称为城市化水平;人均收入水平、收入水平和人均可支配收入可统一归纳为人均可支配收入;技术更新速度、基础设施条件、科技环境与科技水平皆可视为新技术手段的应用能力,即信息化水平;科技支撑力、科技投入、科技投入的财政预算一般是指支持开展科技活动的投入,即生产性投入,可用政府相关政策支持和政府投资支出来概括;工业化水平、工业增加值、第二产业发展规模可统一称为工业化水平;区域开放度、市场开放度、服务业对外开放水平、可统一概括为对外开放水平。

这里需要指出的是:一些文献给出的针对现代服务业发展的影响因素并未体现新技术影响下的城市或地区的现代服务业发展的影响因素,一些文献由于年代久远,所提及的影响因素已经不适用于当前城市或地区经济发展的实际情况，还有一些文献撰写的时间较早，一些针对基于云端互动的现代服务业发展影响较大的因素并未被提及。针对上述情况，本书将在后续章节针对某城市或地区的经济发展的实际情况聘请专家对筛选出的影响因素进行适当的修正和补充。

4.3　本 章 小 结

本章围绕基于云端互动的现代服务业发展影响因素筛选问题进行了研究，首先，给出了基于云端互动的现代服务业发展影响因素筛选问题的形式化描述，然后给出了一种基于文献计量分析的现代服务业发展的影响因素筛选方法。

在提出的基于文献计量分析的现代服务业发展的影响因素筛选方法中，对有关现代服务业发展的影响因素的文献进行了检索和分析，综合考虑了学者们基于不同的研究视角，在不同研究中给出的诸多现代服务业发展的影响因素中，进一步确定了本书关注的基于云端互动的现代服务业发展影响因素，考虑了不同学者在不同研究中对现代服务业发展的影响因素提法和命名略有不同而含义却相同的实际情况，基于对文献的分析和理解，对其进行初步修正。

本章提出的方法较好地解决了基于云端互动的现代服务业发展影响因素筛选问题，不仅丰富了相关研究成果，而且还能较好地应用于解决实际中的基于云端互动的现代服务业发展影响因素的筛选问题。

基于云端互动的现代服务业发展的
关键影响因素识别方法

　　由第 3 章给出的基于云端互动的现代服务业发展路径选择问题描述和研究框架可知，在基于云端互动的现代服务业发展的影响因素筛选的基础上，针对现代服务业的发展进行关键影响因素识别是基于云端互动的现代服务业发展路径选择的核心环节之一。本章将围绕基于云端互动的现代服务业发展的关键影响因素识别方法进行研究，首先给出基于云端互动的现代服务业发展的关键影响因素识别的问题描述及相关符号说明，然后对相关的预备知识进行简要说明，最后给出基于 DEMATEL 方法的现代服务业关键影响因素识别方法。

5.1　问题描述及相关符号说明

　　本节围绕基于云端互动的现代服务业的关键影响因素的识别问题进行描述，并给出相关符号说明。

5.1.1 问题描述

目前，虽然学术界关于现代服务业发展的影响因素的研究尚未形成统一的观点，但大多数学者们认为城市或地区的现代服务业的发展会受到一系列因素的影响[17,18]，而这些影响因素之间往往相互影响、相互作用，具有相互关联的关系。由第 2 章可知，学者们对于现代服务业发展的影响因素的研究是基于对现代服务业的概念界定的认知衍生而来，而且针对现代服务业发展的影响因素研究往往针对某一特定的城市或地区，由于每个学者的研究背景、动机、目的和视角都不尽相同，有关现代服务业发展的影响因素研究也存在着一定的分歧。由于不同城市或地区的外部环境因素和内部环境因素不同，其现代服务业发展中的关键影响因素也不尽相同，所以在探寻某城市或地区现代服务业发展的最优路径过程时，管理者或决策分析者应根据实际情况，针对现实中的某城市或地区现代服务业发展路径选择问题，识别出某城市或地区现代服务业发展中贡献或影响最大的影响因素，即最具代表性的影响因素来确定成为针对某城市或地区现代服务业发展路径选择的关键影响因素。

这里要解决的问题是：如何采用科学的方法从第 4 章筛选出的现代服务业发展的影响因素中识别出那些对某城市或地区基于云端互动的现代服务业的发展过程中具有重要作用和重大贡献的影响因素，即某城市或地区的基于云端互动的现代服务业发展路径选择的关键影响因素。

5.1.2 相关符号说明

为了解决基于云端互动的现代服务业发展的关键影响因素识别问题，现将本章使用的相关符号进行定义与说明，具体如下：

- $C = \{C_1, C_2, \cdots, C_m\}$：基于云端互动的现代服务业发展的影响因素集合。其中：C_i，C_j 表示第 i，j 个影响因素，$i, j \in \{1, 2, \cdots, m\}$；$m$ 表示基于云端互动的现代服务业发展的影响因素的总个数。

- $L = \{L_0,\ L_1,\ \cdots,\ L_v\}$：关于评价某城市或地区基于云端互动的现代服务业发展的影响因素重要程度的语言评价短语集合。其中：L_b 表示第 b 个语言短语，$b \in \{0,\ 1,\ \cdots,\ v\}$；$v+1$ 表示语言评价短语的总个数，例如，当 $v = 4$ 时，表示共有 5 个语言评价短语。这里，可以考虑影响因素重要程度的语言评价短语集合为 $L = \{L_0 = \text{VB}$（非常不重要），$L_1 = \text{B}$（不重要），$L_2 = \text{L}$（一般），$L_3 = \text{G}$（重要），$L_4 = \text{VG}$（非常重要）$\}$。

- $F = \{F_1,\ F_2,\ \cdots,\ F_a\}$：参与某城市或地区基于云端互动的现代服务业发展的关键影响因素识别的专家集合。其中：F_o 表示第 o 个专家，$o \in \{1,\ 2,\ \cdots,\ a\}$；$a$ 表示参与某城市或地区基于云端互动的现代服务业发展的关键影响因素识别的专家的总人数。

- $Z = \{Z_0,\ Z_1,\ \cdots,\ Z_u\}$：关于评价某城市或地区现代服务业发展的影响因素之间关联强弱的语言评价短语集合。其中：Z_r 表示第 r 个语言短语，$r \in \{0,\ 1,\ \cdots,\ u\}$；$u+1$ 表示语言评价短语的总个数，例如，当 $u = 4$ 时，表示共有 5 个语言评价短语。这里，可以考虑影响因素之间关联强弱的语言评价短语集合为 $Z = \{Z_0 = \text{NO}$（无关联），$Z_1 = \text{VL}$（非常低），$Z_2 = \text{L}$（低），$Z_3 = \text{H}$（高），$Z_4 = \text{VH}$（非常高）$\}$。

- e_i^o：专家 F_o 依据评价某城市或地区基于云端互动的现代服务业发展影响因素的重要程度的语言评价短语集合 L 给出的影响因素 C_i 的重要程度评价值。其中：$o \in \{1,\ 2,\ \cdots,\ a\}$，$i \in \{1,\ 2,\ \cdots,\ m\}$，例如，专家 F_1 依据语言评价短语集合 L 给出的影响因素 C_2 的重要程度评价值可以表示为 e_2^1。

5.2 预 备 知 识

本节主要对基于 DEMATEL 方法的现代服务业关键影响因素识别中所涉及的相关预备知识进行说明，首先对 DEMATEL 方法的基本思想进行简要说明，然后对 DEMATEL 方法的理论和应用研究进行综述，最后对二元语义表示模型进行简要说明。

5.2.1 DEMATEL 方法概述

决策试验与评价实验室（decision making trail and evaluation laboratory，DEMATEL）方法[148~150]是 1971 年（Bottelle）研究所为了解决现实世界中复杂、困难的问题（如种族、饥饿、环保、能源问题）而提出的一种方法。该方法运用图论与矩阵工具进行因素关联分析，通过分析各因素之间直接影响关系的有无和强弱，识别出因素的重要性排序和归类（即因素为原因型还是结果型）。作为一种分析因素之间关系的有效方法，DEMATEL 方法有助于将复杂的因果关系可视化，因此在企业规划与决策[173~177]、服务质量评价[178,179]、产业集群分析[180]等领域得到了广泛的应用。

近年来，DEMATEL 法的理论和应用研究已经引起了一些学者的关注。该方法可有效地识别复杂的因果关系结构，其借由察看因素间两两影响程度，利用矩阵及相关数学理论计算出全体因素间的因果关系及影响的强度，因此在企业战略规划与决策、都市规划设计、地理环境评估、分析全球问题等领域得到广泛的应用。

吴（Wu）和李（Lee）[173]在研究中提出了关于如何拓展全球经理人能力的重要论题，并采用 DEMATEL 方法对全球经理人所需的能力进行了归类，以便根据能力的类型发展并提升经理人的能力。

曾（Tzeng）等[174]在研究中采用 DEMATEL 方法进行了 E-learning 效果的评价，从 58 个指标中筛选出 9 个主要评价指标，由多个不同行业的专家对指标之间的关联进行了分析。

林（Lin）和吴（Wu）[175]提出了一种模糊 DEMATEL 方法来集结群决策中群体的想法并分析复杂环境中复杂问题的因果关系，进而将该方法应用于研发项目选择，以帮助决策制定者关注那些有重要影响力的指标。

曾（Tseng）[178]在进行酒店服务质量感知评价研究中，采用 DEMATEL 方法分析了服务质量评价指标之间的关联。

林（Lin）和曾（Tzeng）[180]在研究中指出企业生产、研发和营销地点的选择受诸多决定性因素的影响，并采用 DEMATEL 方法分析了产业集群评价指标之间的关联。

陈（Chen）和陈（Chen）[181]在大学绩效评价研究中，采用 DEMATEL 方法分析了绩效评价指标之间的关联。

李（Lee）等[182]将 DEMATEL 方法引入到理论扩展的技术可接受模型来评价用户的行为动机，并采用 DEMATEL 方法分析了模型变量之间的关联。

纪岱玲和林我聪[183]在研究中利用 DEMATEL 方法确定供应商绩效评估指标的因果关系及关联度大小，以便决策者明确供应商绩效提升的方向。

李洪伟等[184]在研究中利用 DEMATEL 方法分析系统评价指标之间的相互影响程度，以这种影响关系构成指标之间的交叉增援矩阵。

朱佩枫等[185]在研究中结合煤炭行业特征，建立影响煤炭企业跨区投资进入模式选择的关键要素指标体系，采用 DEMATEL 方法对所构建的指标体系进行优化，并以东部和中部国有重点煤矿的跨区投资进入模式选择及其变化实践进行佐证。

陶跃和夏宁[186]采用 DEMATEL 方法分析了影响网络安全性的所有可能因素之间的关联，系统分析了各影响因素的综合影响指数，给出所有因素的影响程度排序，并按照影响程度辨识主要影响因素。

曾（Tseng）[187]运用灰色 - 模糊 DEMATEL 方法相结合的方法，考虑指标之间相互关联的关系，来进行具有不确定性的房地产经纪人服务质量期望排名。

范（Fan）等[188]考虑了 IT 外包风险因素之间的相互关联、相互依赖的关系，运用基于二元组模糊语言表示模型和经典的 DEMATEL 方法，开发了一种扩展的 DEMATEL 方法，用于识别 IT 外包风险因素的重要性和分类。

丹迪（Gandhi）等[189]运用 DEMATEL 方法识别成功实施绿色供应链管理的关键因素，所提出的 DEMATEL 方法能够判断各因素之间的相互关系，识别出最具影响力的因素。

宋（Song）和曹（Cao）[190]运用 DEMATEL 方法进行产品服务系统分析，找出消费者潜在需求之间的相关性和依赖性，从而进行有效的需求评估和产品服务系统分析。

鲁基耶（Rukiye）和巴巴罗斯（Barbaros）[191]指出 DEMATEL 方法适用于多准则、高不确定性和有限数据的决策问题，并运用 DEMATEL 方法和贝叶斯网络，为土耳其一家大型汽车制造商进行供应商选择。

拉哈内（Lahane）和康德（Kant）[192]采用毕达哥拉斯模糊 AHP 方法和毕达哥尔斯模糊 DEMATEL 方法相结合的方法来为了识别和分析影响循环供应链的因素以及其对实施循环供应链的影响因素。

阿尔图塔斯（Altuntas）和高科（Gok）[193]运用 DEMATEL 方法，为新冠肺炎疫情大流行期间的隔离决策提供了便利的解决方案，找出新冠肺炎疫情大流行期间，衡量酒店是否应该隔离的一个重要指标是区域间的本地旅游客流。

蔡（Tsai）等[194]从消费者的角度调查了影响路边婚宴选择的关键因素，首先制定了五个维度的 14 个指标，然后运用 DEMATEL 方法和 DANP 方法确定权重，最后指出在消费者改进计划中应优先考虑服务质量、菜肴质量和卫生条件。

5.2.2　二元语义表示模型

在现实中，由于许多实际决策问题都具有一定的模糊性和不确定性，因此，管理者或决策分析者以及专家以模糊语言短语（如较好、很强等）进行简单评价的情形最为常见。然而，传统的语言信息处理方法在解决语言运算或处理中会产生信息缺失这一问题。鉴于此，西班牙的埃雷拉（Herrera）[195]于 2000 年首次提出了二元语义这一描述语言评价信息的新方法，这种方法可有效避免模糊语言评价信息集结和运算中出现的信息损失和扭曲问题，也使模糊语言信息计算结果更为精确。

设 S 是一个预先定义好的，由奇数个元素构成的有序语言短语集合，记 $S = \{S_0, S_1, \cdots, S_h\}$，其中，$S_c, S_d$ 表示第 c, d 个语言短语，$c, d \in \{0, 1, \cdots, h\}$，$h+1$ 表示集合 S 中语言短语的个数。通常情况下，要求 S 满足

如下性质[195]:

(1) 有序性。当 $c \geqslant d$ 时，有 $S_c' \geqslant' S_d$，其中，'$\geqslant$'表示好于或等于。

(2) 存在逆运算算子 neg。当 $d = h - c$ 时，有 $neg(S_c) = S_d$。

(3) 存在极大化运算。当 $S_c' \geqslant' S_d$ 时，有 $\max\{S_c, S_d\} = S_c$。

(4) 存在极小化运算。当 $S_c' \leqslant' S_d$ 时，有 $\min\{S_c, S_d\} = S_c$，其中，'$\leqslant$'表示劣于或等于。

二元语义表示模型是建立在符号转换的概念基础之上的[195,196]。一个语言短语可以被表示为一个二元组 (S_c, α)，其中，S_c 表示集合 S 中的语言短语，α 为符号转移值，且 $\alpha \in [-0.5, 0.5)$。根据文献[195,196]，下面介绍一下二元语义的相关定义：

定义 5.1 语言短语 S_c 对应的二元语义可通过下面的转换函数 θ 得到。

$$\theta: S \rightarrow S \times [-0.5, 0.5) \tag{5.1a}$$

$$\theta(S_c) = (S_c, 0), \quad S_c \in S \tag{5.1b}$$

定义 5.2 设 β 为语言短语集结运算得到的实数，$\beta \in [0, h]$，则称 (S_c, α) 为与 β 相应的二元语义，它可由如下函数 Δ 得到。

$$\Delta: [0, h] \rightarrow S \times [-0.5, 0.5) \tag{5.2a}$$

$$\Delta(\beta) = (S_c, \alpha) = \begin{cases} S_c, & c = \mathrm{round}(\beta) \\ \alpha = \beta - c, & \alpha \in [-0.5, 0.5) \end{cases} \tag{5.2b}$$

公式（5.2b）中，"round"表示"四舍五入"取整运算；S_c 为 S 中第 c 个语言短语；α 为符号转移值，它表示 S_c 与 $\Delta(\beta)$ 的偏差。

定义 5.3 设 (S_c, α) 是一个二元语义，其中，S_c 为 S 中第 c 个语言短语，$\alpha \in [-0.5, 0.5)$，则存在一个逆函数 Δ^{-1}，可以将二元语义 (S_c, α) 转化为相应的数值 β，$\beta \in [0, h]$，可由下式得到。

$$\Delta^{-1}: S \times [-0.5, 0.5) \rightarrow [0, h] \tag{5.3a}$$

$$\Delta^{-1}(S_c, \alpha) = c + \alpha = \beta \tag{5.3b}$$

假设 (S_c, α_1) 和 (S_d, α_2) 为任意两个二元语义，针对这两个二元语义的运算，应满足如下的性质[195,196]：

(1) 存在比较算子。若 $c < d$，则 $(S_c, \alpha_1)\text{'}<\text{'}(S_d, \alpha_2)$，表明 (S_c, α_1) 劣于 (S_d, α_2)，其中，'<'表示劣于；若 $c = d$，则

①若 $\alpha_1 = \alpha_2$，则 $(S_c, \alpha_1)\text{'}=\text{'}(S_d, \alpha_2)$，表明 (S_c, α_1) 等于 (S_d, α_2)，其中，'='表示等于；

②若 $\alpha_1 < \alpha_2$，则 $(S_c, \alpha_1)\text{'}<\text{'}(S_d, \alpha_2)$，表明 (S_c, α_1) 劣于 (S_d, α_2)；

③若 $\alpha_1 > \alpha_2$，则 $(S_c, \alpha_1)\text{'}>\text{'}(S_d, \alpha_2)$，表明 (S_c, α_1) 优于 (S_d, α_2)，其中，'>'表示优于。

(2) 存在逆运算算子，$\text{neg}((S_c, \alpha)) = \Delta\{h - [\Delta^{-1}(S_c, \alpha)]\}$。

(3) 存在极大化运算。当 $(S_c, \alpha_1)\text{'}\geqslant\text{'}(S_d, \alpha_2)$ 时，有 $\max\{(S_c, \alpha_1), (S_d, \alpha_2)\} = (S_c, \alpha_1)$。

(4) 存在极小化运算。当 $(S_c, \alpha_1)\text{'}\geqslant\text{'}(S_d, \alpha_2)$ 时，有 $\min\{(S_c, \alpha_1), (S_d, \alpha_2)\} = (S_d, \alpha_2)$。

为便于进行二元语义的集结，下面分别给出二元语义算术平均算子[195,196]和二元语义加权平均算子[195,196]的定义。

定义 5.4 假设 (S_1, α_1)，(S_2, α_2)，$\cdots$，(S_h, α_h) 是一组需要被集结的二元语义，二元语义算数平均算子被定义为[195,196]：

$$\overline{B} = (\overline{S}, \overline{\alpha}) = \Delta\left(\frac{1}{h}\sum_{c=1}^{h}[\Delta^{-1}(S_c, \alpha_c)]\right), \overline{S} \in S, \overline{\alpha} \in [-0.5, 0.5)$$

$$(5.4)$$

定义 5.5 假设 (S_1, α_1)，(S_2, α_2)，$\cdots$，(S_h, α_h) 是一组需要被集结的二元语义，而 $W = ((w_1, \alpha_1'), (w_2, \alpha_2'), \cdots, (w_h, \alpha_h'))$ 为对应的二元语义形式的权重向量，其中，$w_c \in S$，$\alpha_c' \in [-0.5, 0.5)$，二元语义加权平均算子被定义为[195,196]

$$\hat{B} = (\hat{S}, \hat{\alpha}) = \Delta\left(\frac{\sum_{c=1}^{h}[\Delta^{-1}(w_c, \alpha_c') \times \Delta^{-1}(S_c, \alpha_c)]}{\sum_{c=1}^{h}[\Delta^{-1}(w_c, \alpha_c')]}\right),$$
$$\hat{S} \in S, \hat{\alpha} \in [-0.5, 0.5) \qquad (5.5)$$

5.3　基于云端互动的现代服务业发展的关键影响因素识别

本节围绕基于云端互动的现代服务业发展的关键影响因素的识别问题进行研究，首先给出 DEMATEL 方法的基本原理和计算步骤，然后给出针对基于云端互动的现代服务业发展的影响因素的重要性的专家评价与分析，在此基础上，给出基于 DEMATEL 方法的现代服务业发展的关键影响因素识别方法。

5.3.1　DEMATEL 方法的原理及步骤

下面对 DEMATEL 方法的基本原理与具体计算步骤进行简要说明。

（1）通过第 4 章对相关文献的梳理和分析，筛选出基于云端互动的现代服务业发展的影响因素为 C_1，C_2，$\cdots$，C_m，如表 4.1 所示。

（2）依据评价某城市或地区基于云端互动的现代服务业发展的影响因素间关联强弱的语言评价短语集合 Z，分析影响因素 C_1，C_2，$\cdots$，C_m 之间有无直接关联关系，这样可以得到直接关联评价矩阵 $P = [p_{ij}]_{m \times m}$，其中，$p_{ij}$ 表示影响因素 C_i 对影响因素 C_j 的直接影响程度，i，$j \in \{1, 2, \cdots, m\}$，$i \neq j$。这里不考虑评价影响因素自身的影响，故将直接关联评价矩阵的主对角元素记为 " $-$ "，运算时视为 0。

（3）对直接关联评价矩阵 $P = [p_{ij}]_{m \times m}$ 进行规范化处理，得到矩阵 $X = [x_{ij}]_{m \times m}$，矩阵中元素 x_{ij} 的计算公式为

$$x_{ij} = \frac{p_{ij}}{\max\limits_{1 \leqslant i \leqslant m} \left\{ \sum\limits_{j=1}^{m} p_{ij} \right\}}, \quad i, j \in \{1, 2, \cdots, m\} \tag{5.6}$$

其中，$0 \leqslant x_{ij} < 1$，i，$j \in \{1, 2, \cdots, m\}$。DEMATEL 方法假设至少有一个 i

使得 $\sum\limits_{j=1}^{m} p_{ij} < \max\limits_{1 \le i \le m} \left\{ \sum\limits_{j=1}^{m} p_{ij} \right\}$ 成立，该假设在现实中大都满足。因此，矩阵 X 满足 2 个性质[197,198]：①$\lim\limits_{\tau \to \infty} (X)^{\tau} = O$；②$\lim\limits_{\tau \to \infty} \left[I + X + (X)^2 + \cdots + (X)^{\tau} \right] = (I-X)^{-1}$，其中，$O$ 为零矩阵，I 为单位矩阵。

（4）构建间接关联评价矩阵 $Y = [y_{ij}]_{m \times m}$，其计算公式为：

$$Y = \lim_{\tau \to \infty} (X^2 + X^3 + \cdots + X^{\tau}) = X^2 (I-X)^{-1} \tag{5.7}$$

其中，y_{ij} 表示影响因素 C_i 对影响因素 C_j 的间接影响程度，$i, j \in \{1, 2, \cdots, m\}$，$i \ne j$。

（5）在此基础上，可构建综合关联评价矩阵 $T = [t_{ij}]_{m \times m}$，其计算公式为：

$$T = X + Y \tag{5.8}$$

其中，t_{ij} 表示影响因素 C_i 对影响因素 C_j 的综合影响程度，即直接关联程度和间接关联程度的总和。

（6）分别集结矩阵 T 的行元素和列元素，可得到影响因素 C_i 的中心度 δ_i 和原因度 β_i，其计算公式为：

$$\delta_i = \sum_{j=1}^{m} t_{ij} + \sum_{j=1}^{m} t_{ji}, i \in \{1, 2, \cdots, m\} \tag{5.9}$$

$$\beta_i = \sum_{j=1}^{m} t_{ij} - \sum_{j=1}^{m} t_{ji}, i \in \{1, 2, \cdots, m\} \tag{5.10}$$

这里，中心度 δ_i 表示影响因素 C_i 对其他影响因素的影响程度和被其他影响因素影响程度之和，其表明影响因素 C_i 在系统中所起作用的大小；原因度 β_i 为影响因素 C_i 对其他影响因素的影响程度和被其他影响因素影响程度之差，若原因度 $\beta_i > 0$，则其表明影响因素 C_i 影响其他影响因素，为原因型影响因素；若原因度 $\beta_i < 0$，则其表明影响因素 C_i 受其他影响因素影响，为结果型影响因素。

通过以上信息的处理，可以判断基于云端互动的现代服务业发展的影响因素之间的关联关系，以及对系统整体的影响程度。通过计算各影响因素的中心度可判定各影响因素在系统中的重要程度，还可以根据各影响因素原因度的大小，确定各影响因素的分类，为管理者或决策分析者提供决策支持。

5.3.2　针对影响因素重要性的专家评价方法

为了能够识别出基于云端互动的现代服务业发展路径选择的关键影响因素，拟邀请从事经济与管理研究的资深学者、现代服务企业的管理者以及从事战略分析的管理咨询顾问，共同组成了专家委员会（F_1，F_2，$\cdots$，F_a），针对现实中某城市或地区的具体情况，对表 4.1 中的基于云端互动的现代服务业发展的影响因素进行重要性评价与分析。

本书拟采用背对背电子函询的方式，对基于云端互动的现代服务业发展的关键影响因素进行初步筛选，主要步骤如下：

（1）拟通过电子邮件的方式向专家委员会的每位专家介绍现实中某城市或地区经济发展的实际情况，并发放一份基于云端互动的现代服务业发展的影响因素的列表；

（2）向专家们介绍基于云端互动的现代服务业发展的影响因素和基于云端互动的现代服务业发展路径选择的相关概念以及这次调查活动的目的、意义、成果价值；

（3）接受专家委员会针对调查问卷的询问，对调查问卷中专家不清楚的信息和内容进行线上探讨，拟将专家们给出的合理的调整意见吸纳到调查问卷中；

（4）由专家委员会的各位专家对已达成一致意见的调查问卷进行填写，根据调查问卷中基于云端互动的现代服务业发展的影响因素的重要程度，从语言评价短语集合 $L = \{L_0 = \text{VB}$（非常不重要），$L_1 = \text{B}$（不重要），$L_2 = \text{L}$（一般），$L_3 = \text{G}$（重要），$L_4 = \text{VG}$（非常重要）$\}$ 中选择相应语言短语 L_b 进行评价，$b \in \{0, 1, \cdots, 4\}$；

（5）回收调查问卷，对调查问卷展开分析，汇总整理调查结果。

这里需要指出的是，在背对背电子函询调查过程中，假设专家委员会能够对调查问卷所涉及的基于云端互动的现代服务业发展的影响因素及基于云端互动的现代服务业发展路径选择的理论基础和实际背景都比较熟知和了解，因而每位专家对所有基于云端互动的现代服务业发展的影响因素的理解没有偏差，能够对基于云端互动的现代服务业发展的影响因素的重要性给出客观而合理的判断。下面给出针对专家评价结果的统计分析方法。

（1）依据语言评价短语与其下标值的对应关系，将语言评价短语 L_b 转化为其对应的下标值 b，$b \in \{0, 1, \cdots, 4\}$，并运用算术平均方法，将专家 F_o 给出的基于云端互动的现代服务业发展影响因素 C_i 的重要程度评价值 e_i^o 进行集结，计算出影响因素 C_i 的重要程度评价值的平均值 e_i。这里，考虑到专家委员会中的专家在专业领域的能力和水平都比较接近，因而假设各专家 F_1，F_2，$\cdots$，F_a 的重要程度相同。具体公式为：

$$e_i = \frac{1}{a} \sum_{o=1}^{a} e_i^o, i \in \{1, 2, \cdots, m\} \tag{5.11}$$

（2）计算基于云端互动的现代服务业发展影响因素 C_i 的重要程度评价值的标准差 σ_i，其计算公式为：

$$\sigma_i = \frac{1}{a} \sum_{o=1}^{a} \sqrt{(e_i^o - e_i)^2}, i \in \{1, 2, \cdots, m\} \tag{5.12}$$

依据上述方法计算针对某城市或地区的基于云端互动的现代服务业发展的影响因素的重要程度评价的平均值和标准差，向专家委员会展示统计结果，并且针对影响因素得分出现的偏差进行讨论和分析，若专家委员会对影响因素重要程度评价值的平均值 $\geq \theta$，则相应的影响因素被选出。

这里需要指出的是，θ 是由专家委员会根据某城市或地区的具体情况共同讨论确定的，被选出的基于云端互动的现代服务业发展的影响因素集合记为 $D = \{D_1, D_2, \cdots, D_n\}$，其中 D_k，D_l 表示被选出的第 k 和第 l 个基于云端互动的现代服务业发展的影响因素，k，$l \in \{1, 2, \cdots, n\}$，显然 $D \subset C$。

5.3.3　基于 DEMATEL 方法的关键要素识别

这里要解决的问题是：从初步筛选出的基于云端互动的现代服务业发展的影响因素集合 D 中识别出基于云端互动的现代服务业发展的关键影响因

素。下面给出具体的基于 DEMATEL 方法的关键影响因素识别方法。

（1）专家 F_1，F_2，$\cdots$，F_a 依据评价某城市或地区基于云端互动的现代服务业发展的影响因素间关联强弱的语言评价短语集合 Z，分析影响因素 D_1，D_2，$\cdots$，D_n 之间有无直接关联关系，这样可以得到直接关联评价矩阵 $P_o = [p_{okl}]_{n \times n}$，$o \in \{1, 2, \cdots, a\}$，$k$，$l \in \{1, 2, \cdots, n\}$，$k \neq l$。

（2）通过公式（5.1）介绍的二元语义转换函数 $\theta^{[195,196]}$，分别将专家给出的语言短语形式的影响因素直接关联评价矩阵 $P_o = [p_{okl}]_{n \times n}$ 转换为二元语义形式的矩阵 $\tilde{P}_o = [\tilde{p}_{okl}]_{n \times n}$，$o \in \{1, 2, \cdots, a\}$，$k$，$l \in \{1, 2, \cdots, n\}$，$k \neq l$，其具体计算公式如下：

$$\theta : S \to S \times [-0.5, 0.5) \tag{5.13}$$

$$\tilde{p}_{okl} = \theta(p_{okl}) = (p_{okl}, 0), \ p_{okl} \in Z, \ o \in \{1, 2, \cdots, a\},$$
$$k, \ l \in \{1, 2, \cdots, n\} \tag{5.14}$$

（3）运用二元语义算术平均算子[195,196]，将专家 F_1，F_2，$\cdots$，F_a 给出的影响因素直接关联评价矩阵 $\tilde{P}_1$，$\tilde{P}_2$，$\cdots$，$\tilde{P}_a$ 集结为影响因素直接关联群体评价矩阵 $\tilde{P} = [\tilde{p}_{kl}]_{n \times n}$，其计算公式为：

$$\tilde{p}_{kl} = (p_{kl}, \alpha_{kl}) = \Delta\left(\frac{1}{a}\left\{\sum_{o=1}^{a}\left[\Delta^{-1}(p_{okl}, 0)\right]\right\}\right), \ p_{kl} \in Z,$$
$$\alpha_{kl} \in [-0.5, 0.5), \ k, \ l \in \{1, 2, \cdots, n\} \tag{5.15}$$

其中，Δ 和 Δ^{-1} 分别为将数值映射为二元语义的函数和将二元语义映射为数值的函数[195,196]。

（4）依据 DEMATEL 法[148~150]，对直接关联群体评价矩阵 $\tilde{P}$ 进行规范化处理，得到规范化直接关联群体评价矩阵 $X = [x_{kl}]_{n \times n}$，矩阵中元素 x_{kl} 的计算公式为：

$$x_{kl} = \frac{\Delta^{-1}(p_{kl}, \alpha_{kl})}{\max_{1 \leqslant k \leqslant n}\left\{\sum_{l=1}^{n} \Delta^{-1}(p_{kl}, \alpha_{kl})\right\}}, \ p_{kl} \in Z, \ \alpha_{kl} \in [-0.5, 0.5) \tag{5.16}$$

这里，$0 \leqslant x_{kl} < 1$。DEMATEL 方法假设至少有一个 l 使得 $\sum_{l=1}^{n} \Delta^{-1}(p_{kl}, \alpha_{kl}) <$

$\max\limits_{1 \leq k \leq n} \left\{ \sum\limits_{l=1}^{n} \Delta^{-1}(p_{kl}, \alpha_{kl}) \right\}$ 成立，该假设在现实中大都满足。因此，矩阵 X 满足 2 个性质[197,198]：① $\lim\limits_{\tau \to \infty}(X)^{\tau} = O$；② $\lim\limits_{\tau \to \infty} \left[I + X + (X)^2 + \cdots + (X)^{\tau} \right] = (I - X)^{-1}$，其中，$O$ 为零矩阵，I 为单位矩阵。

（5）依据公式（5.7）构建基于云端互动的现代服务业发展的影响因素间接关联群体评价矩阵 $Y = [y_{kl}]_{n \times n}$。

（6）依据公式（5.8）集结规范化后的直接关联群体评价矩阵 $X = [x_{kl}]_{n \times n}$ 和间接关联群体评价矩阵 $Y = [y_{kl}]_{n \times n}$，构建基于云端互动的现代服务业发展的影响因素综合关联评价矩阵 $T = [t_{kl}]_{n \times n}$，其中，$t_{kl}$ 表示要素 D_k 与 D_l 的直接关联和间接关联程度的总和，即综合影响程度，$k, l \in \{1, 2, \cdots, n\}$。

（7）依据公式（5.9）集结矩阵 $T = [t_{kl}]_{n \times n}$ 中的行元素和列元素，可得到基于云端互动的现代服务业发展的影响因素的中心度 δ_k。

（8）为了提取基于云端互动的现代服务业发展的关键影响因素，可预先确定中心度提取阈值 ξ，其计算公式为：

$$\xi = \psi \times \max\{\delta_k \mid k \in \{1, 2, \cdots, n\}\} \tag{5.17}$$

其中，ψ 表示基于云端互动的现代服务业发展的影响因素最大中心度百分比，$0 < \psi \leq 1$，其取值由专家委员会依据管理者或决策分析者的主观意愿、经验或历史数据确定，ψ 越大，其表明所提取的关键影响因素的中心度越高，相应地提取关键影响因素的数量越少；反之 ψ 越小，其表明所提取的关键影响因素的中心度越低，相应地提取关键影响因素的数量越多。

当满足 $\delta_k \geq \xi$ 时，相应的基于云端互动的现代服务业发展的影响因素 D_k 将被提取，作为基于云端互动的现代服务业发展的关键影响因素。则基于云端互动的现代服务业发展的关键影响因素集合可以表示为 $H = \{H_1, H_2, \cdots, H_{n'}\}$，其中 H_f 表示第 f 个基于云端互动的现代服务业发展的关键影响因素，$f \in \{1, 2, \cdots, n'\}$，$H_f = \{D_k \mid \delta_k \geq \xi, k \in \{1, 2, \cdots, n\}\}$，$n'$ 表示基于云端互动的现代服务业发展的关键影响因素的总个数。显然，$H \subset D$。

5.4 本章小结

本章围绕基于云端互动的现代服务业发展的关键影响因素识别问题进行了研究，首先，给出了基于云端互动的现代服务业发展的关键影响因素识别问题的形式化描述，在此基础上，给出了一种基于 DEMATEL 方法的现代服务业发展的关键影响因素识别方法。

在提出的基于 DEMATEL 方法的现代服务业发展的关键影响因素识别方法中，考虑了不同的影响因素对某城市或地区现代服务业发展路径选择的重要性存在差异，且影响因素间存在着相互影响的关联效应，在邀请专家委员会的专家们针对影响因素重要性给出评价与分析的基础上，考虑影响因素之间的关联关系进行基于云端互动的现代服务业发展的关键影响因素识别。

本章提出的方法较好地解决了基于云端互动的现代服务业发展的关键影响因素识别问题，不仅丰富了相关研究成果，而且还能较好地应用于解决实际中的现代服务业发展的关键影响因素识别问题。

基于云端互动的现代服务业发展的
关键影响因素的修正与补充

　　由第 3 章给出的基于云端互动的现代服务业发展路径选择问题的描述和相关的研究框架可知，现代服务业发展的关键影响因素的修正与补充是基于云端互动的现代服务业发展路径选择的核心环节之一。本章将围绕基于云端互动的现代服务业发展的关键影响因素的修正与补充问题进行研究，首先给出问题描述及相关符号说明，然后给出基于云端互动的现代服务业发展的关键影响因素的修正原则与修正策略，最后给出基于云端互动的现代服务业发展的关键影响因素的补充原则与补充策略。

6.1　问题描述及相关符号说明

　　本节围绕基于云端互动的现代服务业发展的关键影响因素的修正与补充问题进行描述。具体地，首先，给出基于云端互动的现代服务业发展的关键影响因素的修正与补充的问题描述，然后给出相关符号说明。

6.1.1　问题描述

基于云端互动的现代服务业发展的关键影响因素的修正与补充就是通过采用群体专家评价方法，对基于 DEMATEL 方法识别出的基于云端互动的现代服务业发展的关键影响因素按照目标城市或地区经济发展的实际情况和实际要求进行修正和补充的过程。如何科学、合理地进行现代服务业发展的关键影响因素的修正与补充，这是一个值得关注的研究问题。

一般来讲，目标城市或地区的现代服务业的发展会涉及诸多方面的影响因素，不同城市或地区的环境不同，经济发展状况不同，诸多影响因素在不同城市或地区对现代服务业的发展的影响不尽相同。基于云端互动的现代服务业发展的关键影响因素是指那些在某城市或地区的基于云端互动的现代服务业发展中能够发挥重要影响作用的因素，一些关键影响因素在某些城市或地区的现代服务业发展过程中发挥了重要作用，但是并不一定在另外一些城市或地区发挥同样重要的作用。因此将本书第 5 章所述方法得到的关键影响因素直接用于解决目标城市或地区的基于云端互动的现代服务业发展路径选择问题，难免会有一些不适应性。为此，就需要管理者或决策分析者对其进行适当的修正和补充，为后续的基于云端互动的现代服务业发展路径的生成与优选奠定基础。

通常，第 5 章所述方法识别出的基于云端互动的现代服务业发展的关键影响因素不适用于所有城市或地区，无法用于解决所有城市和地区的基于云端互动的现代服务业发展路径选择问题的原因主要来自两个方面：一是由于目标城市或地区的实际环境发生某些复杂性变化使得识别出的基于云端互动的现代服务业发展的关键影响因素不能足够适用于解决当前所涉及的目标城市或地区的基于云端互动的现代服务业发展路径选择问题；二是由于技术革新等实际条件发生某些变化使得识别出的基于云端互动的现代服务业发展的关键影响因素不能够适用于解决当前所涉及的目标城市或地区的现代服务业发展路径选择问题。

因此，有必要聘请相关领域的专家针对目标城市或地区的实际情况对基于云端互动的现代服务业发展的关键影响因素进行检查，若存在上述情况，则应结合目标城市或地区的实际条件和实际情况，对其进行适当的修正与补充，最终确定在目标城市或地区，基于云端互动的现代服务业发展过程中最具代表性、影响最大的因素，即关键影响因素。

6.1.2 相关符号说明

为了解决基于云端互动的现代服务业发展的关键影响因素的修正与补充问题，现将本章使用的相关符号进行定义与说明：

- $F = \{F_1, F_2, \cdots, F_a\}$：参与基于云端互动的现代服务业发展的关键影响因素修正与补充的专家集合。其中：F_o 表示第 o 个专家，$o \in \{1, 2, \cdots, a\}$，$a$ 表示参与基于云端互动的现代服务业发展的关键影响因素修正与补充的专家的总人数。

- $L = \{L_0, L_1, \cdots, L_v\}$：关于评价某城市或地区基于云端互动的现代服务业发展的关键影响因素重要程度的语言评价短语集合。其中：L_b 表示第 b 个语言短语，$b \in \{0, 1, \cdots, v\}$；$v+1$ 表示语言评价短语的总个数，例如，当 $v=4$ 时，表示共有 5 个语言评价短语。现实中，可考虑该语言评价短语集合为 $L = \{L_0 = \text{VB}$（非常不重要），$L_1 = \text{B}$（不重要），$L_2 = \text{L}$（一般），$L_3 = \text{G}$（重要），$L_4 = \text{VG}$（非常重要）$\}$。

- $H = \{H_1, H_2, \cdots, H_{n'}\}$：针对影响因素重要性从基于云端互动的现代服务业发展的影响因素集合 $C = \{C_1, C_2, \cdots, C_m\}$ 中选出基于云端互动的现代服务业发展的影响因素集合 $D = \{D_1, D_2, \cdots, D_n\}$，又根据影响因素关联关系从 $D = \{D_1, D_2, \cdots, D_n\}$ 中识别出基于云端互动的现代服务业发展的关键影响因素集合。其中：H_f 表示第 f 个关键影响因素，$f \in \{1, 2, \cdots, n'\}$，$n'$ 表示基于云端互动的现代服务业发展的关键影响因素的总个数。

- d_f^o：专家 F_o 依据评价某城市或地区基于云端互动的现代服务业发展的关键影响因素重要程度的语言评价短语集合 L 给出的关键影响因素 H_f 的重要

程度评价值，$o \in \{1, 2, \cdots, a\}$，$f \in \{1, 2, \cdots, n'\}$。例如，专家 F_1 依据语言评价短语集合 L 给出的影响因素 H_2 的重要程度评价值可以表示为 d_2^1。

6.2 基于云端互动的现代服务业发展的关键影响因素的修正

本节围绕基于云端互动的现代服务业发展的关键影响因素的修正问题展开研究，首先给出关键影响因素的修正原则与修正策略，在此基础上，给出基于群体专家评价的现代服务业发展的关键影响因素重要性的确定方法。

6.2.1 关键影响因素的修正原则与修正策略

对基于云端互动的现代服务业发展的关键影响因素进行修正时，首先，需要再次明确被研究问题的概念界定，既要保证目标城市或地区基于云端互动的现代服务业发展的关键影响因素涵盖于基于 DEMATEL 方法识别出的基于云端互动的现代服务业发展的关键影响因素 H_1，H_2，$\cdots$，$H_{n'}$ 之中，又需要借助专家们的经验判断，依据所研究的目标城市或地区的经济发展的实际情况，对基于云端互动的现代服务业发展的关键影响因素进行修正，旨在将与实际情况不符的关键影响因素进行调整或剔除，并确保不重复出现，尽可能做到客观、全面、准确、科学。本小节将对基于云端互动的现代服务业发展的关键影响因素的修正原则与修正策略做出分别说明。

6.2.1.1 关键影响因素的修正原则

在基于云端互动的现代服务业发展的关键影响因素的修正过程中，应遵循以下基本修正原则：

（1）关键影响因素修正方法的科学性。虽然关键影响因素的修正过程主要依靠专家们的主观经验，但应尽量保证使用方法的科学性和客观性。本书拟采用德尔菲法对基于云端互动的现代服务业发展的关键影响因素进行修正。具体地，依据某城市或地区的实际情况，选定来自高校、科研机构、管理咨询公司从事战略管理和现代服务业发展方面研究的专家 F_1, F_2, $\cdots$, F_a 组成专家委员会，拟通过背对背电子函询的方式邀请专家们对关键影响因素的重要性进行评价，最终给出修正后的关键影响因素。

（2）关键影响因素名称的准确性。在进行相关研究成果的分析时，要确定关键影响因素名称的准确性，确保没有任何形式的歧义。保证能够被管理者或决策分析者、相关专家和相关领域的研究者明确辨识和理解。关键影响因素的命名需要使其名称能够准确地概括所要表达的含义，不能出现含义含糊不清或者容易产生歧义的情况，专家委员会应针对上述情况给出进一步的修正。

（3）关键影响因素的相对独立性。专家委员会要尽可能确保筛选出的关键影响因素之间应相互独立，不能存在一个关键影响因素包含另外一个关键影响因素的情形，或者某几个关键影响因素的语义上有明显的相关性。

（4）关键影响因素的有效性。由于一些关键影响因素在某些城市或地区的基于云端互动的现代服务业发展过程中发挥了重要作用，但是并不一定在另外的城市或地区发挥同样的重要作用。因此将第 5 章基于 DEMATEL 方法识别出的关键影响因素 H_1, H_2, $\cdots$, $H_{n'}$ 直接用于当前研究的目标城市或地区的基于云端互动的现代服务业发展，以此来解决当前研究的目标城市或地区的基于云端互动的现代服务业发展路径选择问题是不现实的，难免会有一些不适应性。这里需要考虑的是：基于 DEMATEL 方法识别出的现代服务业发展的关键影响因素 H_1, H_2, $\cdots$, $H_{n'}$ 是否仍然适用于当前所研究的目标城市或地区的现代服务业发展路径选择。因此，专家委员会应针对当前所研究的目标城市或地区的实际情况，对其进行修正。

6.2.1.2 关键影响因素的修正策略

参照已有相关文献的研究方法，并且考虑到关于基于云端互动的现代服务业发展的关键影响因素修正方法的研究成果较少，所以本研究针对基于云端互动的现代服务业发展的关键影响因素的修正问题，拟采用德尔菲法，通过电子函询的方式进行专家意见征询，邀请专家委员会对关键影响因素进行检查。相应的修正策略如下：

（1）剔除：如果基于 DEMATEL 方法识别出的关键影响因素在当前所研究的目标城市或地区并没有发挥重要影响作用，则分析该关键影响因素 H_f 是否能够影响目标城市或地区未来的基于云端互动的现代服务业发展，若能，则保留，若不能，则将该关键影响因素删除，$f \in \{1, 2, \cdots, n'\}$。

（2）修改：如果基于 DEMATEL 方法识别出的关键影响因素 H_f 不能够直接用于研究目标城市或地区的基于云端互动的现代服务业发展路径选择时，那么应向管理者或决策分析者以及专家委员会征求意见，并结合实际情况和实际条件，修改该关键影响因素，$f \in \{1, 2, \cdots, n'\}$。

6.2.2 基于德尔菲法的现代服务业发展关键影响因素的修正

由于现实中，每个城市或地区所在的环境不同，所以针对现实中的某城市或地区的现代服务业发展路径选择问题，专家委员会可针对目标城市或地区的实际情况，选择最符合实际情况的关键影响因素，即对解决该城市或地区的基于云端互动的现代服务业发展路径选择问题发挥重要作用的关键影响因素，为后续基于 NK 模型的现代服务业发展路径的生成奠定基础。

针对某城市或地区的实际情况，本书拟采用德尔菲法对第 5 章所述方法得到的基于云端互动的现代服务业发展的关键影响因素 H_1，H_2，$\cdots$，$H_{n'}$ 进行 2~3 轮线上专家意见征询，旨在对基于云端互动的现代服务业发展的关键影响因素进行有针对性的修正与补充。

这里需要指出的是，德尔菲法是利用函询形式来进行的集体匿名思想交流的专家意见征询方法，与其他专家意见征询方法相比，该方法通过"背对背"的匿名形式可以有效避免专家间的沟通及相互影响。另外，该方法预计需要经过 2~3 轮的线上专家信息反馈，每一次反馈都能够促进管理者或决策分析者进行深入探讨和研究，其结果能够较准确、客观地反映出专家们的基本想法和认知，调查结果相对客观。

具体地，本书拟采用非概率"主观抽样"的方法，选定 30 位来自高校、科研机构及管理咨询公司从事战略管理和现代服务业发展方面研究的专家，通过单独电子函询的方式进行专家意见征询。

首先，拟向每位专家发放一份基于云端互动的现代服务业发展的关键影响因素列表；然后，向专家们介绍目标城市或地区的基本情况，以及本次调查活动的目的、意义、成果价值、基于云端互动的现代服务业发展路径选择的含义和现代服务业发展的关键影响因素的含义；接下来，接受专家们针对调查问卷的一般询问，针对调查问卷中专家不清楚的信息和内容进行解释（和探讨），将合理的调整意见吸纳到调查问卷中；进一步地，邀请每位专家依据所研究的目标城市或地区的实际情况，对已达成一致意见的调查问卷进行填写，根据调查问卷中基于云端互动的现代服务业发展的关键影响因素的重要程度，从语言评价短语集合 $L = \{L_0 = \text{VB}$（非常不重要），$L_1 = \text{B}$（不重要），$L_2 = \text{L}$（一般），$L_3 = \text{G}$（重要），$L_4 = \text{VG}$（非常重要）$\}$ 中选择相应的语言短语 L_b 对基于 DEMATEL 方法识别出的现代服务业发展的关键影响因素进行评价，$b \in \{0, 1, \cdots, 4\}$；最后，回收调查问卷，对调查问卷展开分析，汇总调查结果。

第一轮意见征询结束后，拟统计问卷的回收率，通过综合每位专家的评分结果并计算各关键影响因素的加权算术平均值，筛选出 4~5 个目标城市或地区基于云端互动的现代服务业发展的关键影响因素。

在第二轮意见征询中，如果在第一轮专家意见征询结果中针对某些关键影响因素出现严重分歧的观点，则将分歧点进行解读后，拟邀请专家们针对出现严重分歧的关键影响因素再次进行评价，拟统计第二轮的问卷回收率，并将展开第三轮意见征询。

在第三轮意见征询中，拟邀请专家们针对前两轮意见征询结果中筛选出的 4~5 个目标城市或地区的基于云端互动的现代服务业发展的关键影响因素进行评价，进一步筛选出 3~4 个目标城市或地区基于云端互动的现代服务业发展的关键影响因素。拟统计第三轮问卷回收率，如果本轮意见征询中专家们的观点趋于一致，则最终确定针对目标城市或地区的基于云端互动的现代服务业发展的关键影响因素，如果专家们的观点仍旧有分歧，则将分歧点进行解读后再进行一轮意见征询。

关于调查问卷的信度问题，拟采用 SPSS 26.0 进行统计分析，拟通过克伦巴赫（Cronbach's）系数检验专家调查问卷的信度，拟统计并记录几轮调查问卷的信度系数，并依据常用的信度统计标准，对调查问卷的信度进行评价和判断。关于专家的积极系数，通常是以回收率作为参考标准，拟计算几轮调查问卷的回收率的平均值，并将其视为专家的积极系数。关于专家的权威系数，通常是以专家对该领域的了解程度、专家自身的学术造诣和专家的判断依据为依据进行综合判断，拟依据上述标准对专家的权威性进行评价，专家的权威系数视为上述三项因素的算术平均数。关于专家意见的协调系数，拟统计几轮专家咨询的协调系数，并依据常用的协调性统计标准，对专家意见的协调性进行评价和判断。

这里需要指出的是，在调查过程中，假设每位专家能够对调查问卷进行充分理解，且每位专家对目标城市或地区现代服务业发展的关键影响因素及基于云端互动的现代服务业发展路径选择的实际背景都比较熟知和了解，因而本书假设每位专家对基于云端互动的现代服务业发展的关键影响因素的理解没有偏差，能够对基于云端互动的现代服务业发展的关键影响因素的重要性给出客观而合理的判断。下面给出针对专家们评价结果的统计分析方法。

（1）根据语言评价短语与其下标值的对应关系，将语言评价短语 L_b 转化为其对应的下标值 b，$b \in \{0, 1, \cdots, 4\}$，并运用算术平均方法，将专家 F_o 给出的关键影响因素 H_f 的重要程度评价值 d_f^o 进行集结，计算出关键影响素 H_f 的重要程度评价值的平均值 d_f。具体公式为：

$$d_f = \frac{1}{a} \sum_{o=1}^{a} d_f^o, f \in \{1, 2, \cdots, n'\} \tag{6.1}$$

由前文可知，考虑到专家们在现代服务业发展的研究领域的能力和水平都比较接近，因而假设每位专家 F_1，F_2，$\cdots$，F_a 的重要程度相同。

（2）计算基于云端互动的现代服务业发展的关键影响因素 H_f 的重要程

度评价值的标准差 σ_f，其计算公式为：

$$\sigma_f = \frac{1}{a} \sum_{o=1}^{a} \sqrt{(d_f^o - d_f)^2}, f \in \{1, 2, \cdots, n'\} \qquad (6.2)$$

本书拟采用上述方法对回收的调查问卷进行分析，计算关键影响因素 H_f 的重要程度评价值的平均值和标准差，并向专家委员会展示统计结果，并且针对关键影响因素得分出现的偏差进行讨论和分析。具体地，专家委员会针对关键影响因素的评价结果进行综合分析和考察，结合所研究的目标城市或地区的实际情况和实际条件分析关键影响因素的内涵，最终，由专家委员会确定目标城市或地区的基于云端互动的现代服务业发展的关键影响因素的修正结果。修正后的关键影响因素集合记为 $Z = \{Z_1, Z_2, \cdots, Z_{n''}\}$，显然 $Z \subset H$。

6.3　基于云端互动的现代服务业
发展的关键影响因素的补充

本节围绕基于云端互动的现代服务业发展路径选择研究中的现代服务业发展的关键影响因素的补充问题展开研究，具体地，首先给出基于云端互动的现代服务业发展关键影响因素的补充原则与补充策略，在此基础上，给出基于群体专家评价的关键影响因素的补充方法。

6.3.1　关键影响因素的补充原则与补充策略

对基于云端互动的现代服务业发展的关键影响因素进行补充时，首先，需要再次明确被研究问题的概念界定，以及所研究的目标城市或地区的实际情况和实际条件，借助专家们的经验，将关键影响因素进行适当的补充，旨在将符合实际情况的关键影响因素进行合理添加，尽可能做到客观、全面、准确、科学。本小节将对基于云端互动的现代服务业发展的关键影响因素的补充原则与补充策略分别做出简要说明。

6.3.1.1 关键影响因素的补充原则

在基于云端互动的现代服务业发展的关键影响因素的补充过程中，应遵循以下基本补充原则：

（1）关键影响因素体系的完整性。专家们应尽量保证关键影响因素能够完整而全面地反映影响目标城市或地区基于云端互动的现代服务业发展的各个方面，能够在进行基于云端互动的现代服务业发展路径选择时，充分刻画出目标城市或地区现代服务业发展的步骤。

（2）关键影响因素的系统性。通过前文的分析可知，基于云端互动的现代服务业发展路径选择应充分考虑数字技术影响下目标城市或地区的现代服务业发展，因此，在对关键影响因素进行补充时，应结合目标城市或地区的经济发展的实际情况和实际条件组织专家们进行进一步的分析与整理。

6.3.1.2 关键影响因素的补充策略

如果前文所得出的基于云端互动的现代服务业发展的关键影响因素不足以刻画出目标城市或地区的基于云端互动的现代服务业发展的影响，那么则需要向管理者或决策分析者以及专家委员会征求意见，进行合理的补充。本书拟采用头脑风暴法，由专家委员会针对某城市或地区经济发展的实际情况，对基于云端互动的现代服务业发展的关键影响因素的补充方案进行充分探讨，根据专家提供的具有针对性的建议增加额外的关键影响因素，从而使得这些关键影响因素能够符合目标城市或地区的实际情况。

6.3.2 基于群体专家评价的关键影响因素的补充方法

为了对基于云端互动的现代服务业发展的关键影响因素进行合理的补充，本书仍拟以线上调查的形式进行。首先，在专家委员会针对目标城市或地区基于云端互动的现代服务业发展的关键影响因素进行修正以后，在修正后的关键影响因素 Z_1，Z_2，$\cdots$，Z_n 基础上，拟采用头脑风暴法邀请专家委员会结合某城市或地区的实际情况和实际条件给出关键影响因素的补充方案。

然后，针对给出的补充方案进行 $1 \sim 2$ 轮的线上意见征询，经过专家委员会的充分探讨，最终确定目标城市或地区基于云端互动的现代服务业发展的关键影响因素的补充方案。

最后，按照确定的补充方案，经过专家们讨论研究，确定补充的目标城市或地区的基于云端互动的现代服务业发展的关键影响因素，并与修正后的关键影响因素 Z_1，Z_2，$\cdots$，$Z_{n''}$一起构成修正补充后的目标城市或地区的基于云端互动的现代服务业发展的关键影响因素集合。则目标城市或地区的基于云端互动的现代服务业发展的关键影响因素集合可以表示为 $E = \{E_1$，E_2，$\cdots$，$E_N\}$，E_i 表示第 i 个关键影响因素，$i \in \{1$，2，$\cdots$，$N\}$，N 表示目标城市或地区的基于云端互动的现代服务业发展的关键影响因素的总个数。显然，$Z \subset E$。

6.4　本章小结

本章围绕基于云端互动的现代服务业发展的关键影响因素的修正与补充问题展开了研究，并给出了基于群体专家评价的现代服务业发展的关键影响因素的修正与补充方法。

在提出的基于云端互动的现代服务业发展的关键影响因素的修正方法中，首先给出了关键影响因素的修正原则与修正策略，然后拟采用德尔菲法对基于云端互动的现代服务业的关键影响因素进行修正。在提出的基于云端互动的现代服务业的关键影响因素的补充方法中，首先，给出关键影响因素的补充原则与补充策略，然后拟采用头脑风暴法对基于云端互动的现代服务业的关键影响因素进行补充，最终确定针对目标城市或地区的基于云端互动的现代服务业的关键影响因素。

本章提出的方法较好地解决了基于云端互动的现代服务业的关键影响因

素的修正与补充问题，不仅丰富了已有相关研究成果，而且还能较好地应用于解决实际中的某城市或地区的基于云端互动的现代服务业的关键影响因素的修正与补充问题中，为现实中的某城市或地区的基于云端互动的现代服务业发展路径选择问题提供必要的决策支持。

第 7 章
基于云端互动的现代服务业
发展路径的生成与优选

由第 3 章给出的基于云端互动的现代服务业发展路径选择问题的描述和相关的研究框架可知，基于 NK 模型的现代服务业发展路径的生成与优选是基于云端互动的现代服务业发展路径选择的核心环节之一。本章将围绕基于 NK 模型的现代服务业发展路径的生成与优选问题进行研究，首先给出相关的预备知识，然后给出基于 NK 模型的现代服务业发展路径的生成与优选的问题描述与相关符号说明，再次，由第 5 章和第 6 章给出的基于云端互动的现代服务业发展的关键影响因素可以确定 NK 模型中的参数 N，并通过对各关键影响因素的关联性分析得到参数 K，在此基础上，通过对基于云端互动的现代服务业发展的关键影响因素的不同决策选择结果进行组合，可以确定基于云端互动的现代服务业发展的决策选项集合；进一步地，利用随机分布函数为每一个基于云端互动的现代服务业发展决策选择结果随机分配适应度值，并根据最终得到的基于云端互动的现代服务业发展的决策选项集合及其对应的适应度值，据此绘制出基于云端互动的现代服务业发展的适应度景观图；基于此，依据适应度景观图中相应的"攀爬方式"，利用计算机仿真技术对基于云端互动的现代服务业发展路径进行优选。

7.1 预 备 知 识

本节主要对基于 NK 模型的现代服务业发展路径的生成与优选中所涉及的相关预备知识进行说明，首先对 NK 模型的基本思想与基本模型进行说明，然后对适应度景观图的绘制过程进行说明，最后对基于 NK 模型的现代服务业发展路径选择的基本框架进行说明。

7.1.1 NK 模型概述

NK 模型是霍夫曼（Kauffman）[45] 从生物进化理论的研究中抽象出来的数值模型，霍夫曼（Kauffman）将生物演化视为复杂系统，NK 模型主要是通过分析复杂系统内部元素间的相互作用来研究复杂系统的演化规律。NK 模型中主要有 N 和 K 两个重要的参数，N 表示复杂系统由 N 个不同元素构成，K 表示复杂系统中的 N 个元素受其余 K 个与之相关联的元素的影响。在 NK 模型中，每个元素都有若干个等位基因（子元素），N 个元素所有可能的等位基因组合则描绘了待研究的复杂系统。复杂系统中某个元素等位基因发生变化会使该元素的状态发生变化，并影响到与之关联的 K 个元素，进而对整个复杂系统的适应性产生影响，由于复杂系统中所有元素和复杂系统适应度之间的相互作用关系具有非线性和随机性的特征，它们之间的影响关系看作是（0，1）区间分布的某种形式的随机变量，即每当某个元素等位基因发生变化或与之关联的元素等位基因发生变化时，就从（0，1）区间均匀分布的随机变量中抽取一个随机数，作为该等位基因的适应度值，整个系统的适应度则是所有等位基因适应度值的平均值。依据 NK 模型[45]，通过大量的数据模拟分析和比较不同元素等位基因组合对复杂系统适应度的影响，以及寻找适应度较高的复杂系统构成，并将复杂系统各种等位基因组合和对应的适应度值映射在三维坐标上形成了适应度景观图[151]（见图 7.1）。

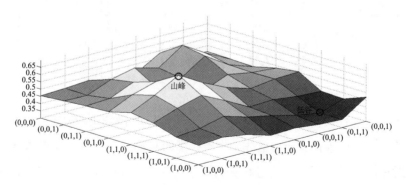

图 7.1　适应度景观

如图 7.1 所示，在适应度景观图中，横坐标表示复杂系统中部分等位基因的状态组合，纵坐标表示剩余的等位基因的状态组合，水平面上的每个点对应的横纵坐标组合在一起代表复杂系统中 N 个元素的一种等位基因组合，其高度代表该等位基因组合的适应度值。由于各基因组合的高度（即适应度值）不同，因此便形成了适应度景观中的山峰和低谷。复杂系统的适应过程则看成是在适应度景观图上攀爬的过程，复杂系统中某个元素等位基因的改变可能使系统爬上更高的山峰，而山峰就是适应度值的一个局部最优。利用 NK 模型能够确定复杂系统中有多少个局部最优，并且可以探讨通过怎样的适应路径（即攀爬路径）来达到更高的适应度山峰。

自 NK 模型被提出以来，一些学者关注研究如何将 NK 模型应用于管理学和经济学领域[199~201]，例如，詹诺卡罗（Giannoccaro）[199] 利用 NK 模型来解决在供应链管理组织中各个部门之间的整合问题，范（Fan）等[200] 运用 NK 模型来研究智力资本与组织创新绩效的关系，赛洛（Celo）等[201] 运用 NK 模型来研究跨国公司组织结构与绩效之间的关系等。

本书则是基于 NK 模型[45] 以及适应度景观图[151]，针对某城市或地区的基于云端互动的现代服务业发展的关键影响因素的相互影响进行分析，并对其关键影响因素所形成的各种决策选项组合的适应度进行评价，最终选出适应度最高的现代服务业发展路径，以及可以到达此状态的最优创新路径。

7.1.2　基于 NK 模型的现代服务业发展路径选择框架

虽然学术界对于现代服务业的概念界定尚未形成统一的观点[46~52]，但大多数学者们认为城市或地区现代服务业的发展会受到诸多影响因素的影响[111~131]，而这些影响因素之间具有相互关联的关系，某一个影响因素的改变就会诱发其他影响因素的协同变化，或者能够间接改变其他影响因素，各影响因素之间的组合关系也会发生变化，因此，诸多因素影响下的城市或地区的现代服务业的发展具有独特性和复杂性。然而，城市或地区基于云端互动的现代服务业发展路径的复杂性并不仅仅是影响因素表现形式的多样性，而是基于云端互动的现代服务业发展的影响因素组合之间相互作用关系的随机性、多样性和非线性，即结构复杂性，这与 NK 模型理论的使用目的，即判断复杂系统的演化规律有着非常相似之处。

本书针对基于云端互动的现代服务业发展路径选择问题，提出一种基于 NK 模型的现代服务业发展路径选择方法，其核心思想是探寻基于云端互动的现代服务业发展的关键影响因素，以及这些关键影响因素之间的逻辑关系，从而发现这些影响因素的变化对基于云端互动的现代服务业发展这一复杂系统带来变化的方向和程度。为此，依据第 4 章给出的基于文献计量分析的现代服务业发展的影响因素筛选与分析，第 5 章给出的基于 DEMATEL 方法的现代服务业发展的关键影响因素的识别，以及第 6 章给出的基于群体专家评价的现代服务业发展的关键影响因素的修正与补充，本书给出基于 NK 模型的现代服务业发展路径选择的研究框架（见图 7.2）。

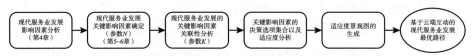

图 7.2　基于 NK 模型的现代服务业发展路径选择框架

如图 7.2 所示为基于 NK 模型的现代服务业发展路径选择框架。第一，按照本书第 4 章所述方法进行基于文献计量分析的现代服务业发展的影响因素的筛选；第二，按照本书第 5 章所述的方法，采用 DEMATEL 方法识别出基于云端互动的现代服务业发展的关键影响因素；第三，按照本书第 6 章所述的方法，基于群体专家评价给出修正和补充后的基于云端互动的现代服务业发展的关键影响因素，进而确定为 NK 模型的参数 N；第四，对关键影响因素之间的关联情形进行分析，以此确定参数 K；第五，通过对基于云端互动的现代服务业发展的各关键影响因素的不同决策选择的结果进行组合，可以得到基于云端的互动的现代服务业发展的决策选项集合；第六，利用随机分布函数为每一个决策的选择结果随机分配适应度值，并根据最终得到的基于云端互动的现代服务业发展的决策选项集合及其对应的适应度值，据此绘制出基于云端互动的现代服务业发展的适应度景观图；第七，依据相应的"攀爬方式"，利用计算机仿真技术对基于云端互动的现代服务业发展路径进行优选，并给出基于云端互动的现代服务业发展路径的选择结果及分析。

7.2　问题描述与相关符号说明

本节围绕基于 NK 模型的现代服务业发展路径的生成与优选问题进行描述，并给出相关符号说明。

7.2.1　问题描述

基于云端互动的现代服务业发展路径的生成与优选就是基于相关的理论和方法，依据某城市或地区经济发展的实际情况和实际条件，通过对基于云端互动的现代服务业发展的关键影响因素的不同决策选择结果进行组合，生成基于云端互动的现代服务业发展路径的备选方案，并对备选方案进行优选的过程。

目前，有关基于云端互动的现代服务业发展路径的生成和优选的研究已经引起了一些学者的关注[142~144]，但是已有研究成果尚不多见，只能看到一些相关的研究成果[132~144]，相关研究成果未能考虑关键影响因素之间相互关联、相互作用的关系，基于此，针对已有研究的不足之处，本书给出基于 NK 模型的现代服务业发展的备选方案的生成与优选方法。该方法首先基于云端互动的现代服务业发展的关键影响因素的个数可以确定 NK 模型中的参数 N，然后通过对各关键影响因素的关联性分析得到参数 K，接着，通过对基于云端互动的现代服务业发展的关键影响因素的不同决策选择结果进行组合，可以确定基于云端互动的现代服务业发展决策选项集合；进一步地，利用随机分布函数为每一个基于云端互动的现代服务业发展的决策选择结果随机分配适应度值，并根据最终得到的基于云端互动的现代服务业发展的选项集合及其对应的适应度值，绘制出基于云端互动的现代服务业发展的适应度景观图；基于此，依据相应的"攀爬方式"，利用计算机仿真技术对基于云端互动的现代服务业发展路径进行优选。

7.2.2　相关符号说明

为了解决基于 NK 模型的现代服务业发展路径备选方案的生成与优选问题，现将本章使用的相关符号进行定义与说明：

● $C = \{C_1, C_2, \cdots, C_m\}$：基于云端互动的现代服务业发展的影响因素集合。其中：C_f 表示第 f 个影响因素，$f \in \{1, 2, \cdots, m\}$，$m$ 表示基于云端互动的现代服务业发展的影响因素的总个数。

● $D = \{D_1, D_2, \cdots, D_n\}$：从基于云端互动的现代服务业发展的影响因素集合 $C = \{C_1, C_2, \cdots, C_m\}$ 中，根据影响因素重要性识别出的影响因素集合。其中：D_h，D_j 表示第 h，j 个影响因素，h，$j \in \{1, 2, \cdots, n\}$，$n$ 表示初步筛选出的基于云端互动的现代服务业发展的影响因素的总个数。

● $\tilde{P} = [\tilde{p}_{hj}]_{n \times n}$：二元语义形式的基于云端互动的现代服务业发展影响因素的直接关联群体评价矩阵。其中，$\tilde{p}_{hj}$ 表示影响因素 D_h 对影响因素 D_j 的直接影响程度，h，$j \in \{1, 2, \cdots, n\}$，$h \neq j$。

● $H = \{H_1, H_2, \cdots, H_{n'}\}$：根据影响因素关联关系从基于云端互动的现代服务业发展的影响因素集合 $D = \{D_1, D_2, \cdots, D_n\}$ 中识别出的基于云端互动的现代服务业发展的关键影响因素集合。其中：H_f 表示第 f 个关键影响因素，$f \in \{1, 2, \cdots, n'\}$，$n'$ 表示基于云端互动的现代服务业发展的关键影响因素的总个数。

● $F = \{F_1, F_2, \cdots, F_a\}$：参与基于云端互动的现代服务业发展的 NK 模型构建的专家集合。其中：F_o 表示第 o 个专家，$o \in \{1, 2, \cdots, a\}$。$a$ 表示参与基于云端互动的现代服务业发展 NK 模型构建的专家的总人数。这里考虑每个专家的权重或重要程度是相同的。

● $Z = \{Z_0, Z_1, \cdots, Z_u\}$：关于评价某城市或地区现代服务业发展的影响因素之间关联强弱的语言评价短语集合。其中：Z_r 表示第 r 个语言短语，$r \in \{0, 1, \cdots, u\}$。$u + 1$ 表示语言评价短语的总个数。例如，当 $u = 4$ 时，表示共有 5 个语言评价短语。这里可考虑影响因素之间关联强弱的语言评价短语集合为 $Z = \{Z_0 = NO（无关联），Z_1 = VL（非常低），Z_2 = L（低），Z_3 = H（高），Z_4 = VH（非常高）\}$。

● $E = \{E_1, E_2, \cdots, E_N\}$：将基于云端互动的现代服务业发展的关键影响因素集合 $H = \{H_1, H_2, \cdots, H_{n'}\}$ 进行修正和补充后的基于云端互动的现代服务业发展的关键影响因素。其中：E_i 表示第 i 个关键影响因素，$i \in \{1, 2, \cdots, N\}$，$N$ 表示某城市或地区基于云端互动的现代服务业发展的关键影响因素的总个数。

● $\varphi^i = \{\varphi_1^i, \varphi_2^i, \cdots, \varphi_q^i\}$：某城市或地区基于云端互动的现代服务业发展的关键影响因素 E_i 的等位基因集合。其中：φ_l^i 表示基于云端互动的关键影响因素 E_i 的第 l 个等位基因，$i \in \{1, 2, \cdots, N\}$，$l \in \{1, 2, \cdots, q\}$，$q$ 表示基于云端互动的现代服务业发展的关键影响因素 E_i 的等位基因的总个数。这里，依据现实情况可考虑等位基因数量 $q = 2$，即关键影响因素 E_i 的等位基因集合为 $\varphi^i = \{\varphi_1^i = 0, \varphi_2^i = 1\}$，其中：0 和 1 分别表示不进行关键影响因素的改进与调整和进行关键影响因素的改进与调整。

● $M = \{M_1, M_2, \cdots, M_v\}$：某城市或地区基于云端互动的现代服务业发展的关键影响因素等位基因组合的集合。其中：M_d 表示第 d 个基于云端互动的现代服务业发展的关键影响因素等位基因组合，它可表示为 $M_d = \varphi_{l_1}^1 \varphi_{l_2}^2 \cdots \varphi_{l_N}^N$，$d \in \{1, 2, \cdots, v\}$，$l_1, l_2, \cdots, l_N \in \{1, 2, \cdots, q\}$，$v = q^N$，$v$ 表示某城市或地区基于云端互动的现代服务业发展的关键影响因素等位基因组合的总个数。

● $G = \left[g_i^d \right]_{v \times N}$：某城市或地区基于云端互动的现代服务业发展的关键影响因素适应度矩阵。其中：g_i^d 表示基于云端互动的现代服务业发展的关键影响因素等位基因组合 M_d 中关键影响因素 E_i 的某个等位基因对系统适应性的影响，即适应度值，$i \in \{1, 2, \cdots, N\}$，$d \in \{1, 2, \cdots, v\}$。

这里要解决的问题是，如何依据第 5 章和第 6 章所述方法得到针对某城市或地区的基于云端互动的现代服务业发展的关键影响因素的个数（参数 N 的确定），考虑专家 $F_1, F_2, \cdots, F_a$ 参与的情形下，对基于云端互动的现代服务业发展的复杂性进行识别和判断（参数 K 的确定），构建基于云端互动的现代服务业发展的 NK 模型，生成基于云端互动的现代服务业发展的适应度景观图，并通过计算机仿真技术对基于云端互动的现代服务业发展路径进行优选。

7.3　基于 NK 模型的现代服务业发展路径生成与优选

本节围绕基于云端互动的现代服务业发展路径的生成问题，给出基于 NK 模型的现代服务业发展路径备选方案的生成方法。具体地，首先确定 NK 模型中的参数 N 和参数 K，在此基础上，绘制基于云端互动的现代服务业发展的适应度景观图，并据此进行基于云端互动的现代服务业发展路径的优选。

7.3.1　现代服务业发展的关键影响因素识别（参数 N 的确定）

依据 NK 模型的基本理论和基本原理，NK 模型主要有 N 和 K 两个重要参数，N 表示复杂系统由 N 个不同元素构成，K 表示元素会受到其余 K 个与之相关联的元素的影响。某城市或地区的基于云端互动的现代服务业的发展往往会受到诸多因素的影响，这些影响因素之间不断作用，相互影响、相互关联，推动了基于云端互动的现代服务业的不断发展。因此，本书将某城市或地区的基于云端互动发展的现代服务业视为一个复杂系统。

本书第 5 章给出了基于 DEMATEL 方法的现代服务业发展的关键影响因素识别，从基于云端互动的现代服务业发展的影响因素集合 $C = \{C_1, C_2, \cdots, C_m\}$ 中，根据影响因素重要性识别出影响因素集合 $D = \{D_1, D_2, \cdots, D_n\}$，并运用 DEMATEL 方法进一步提取出基于云端互动的现代服务业发展的关键影响因素，即 $H = \{H_1, H_2, \cdots, H_{n'}\}$。在此基础上运用本书第 6 章所述方法给出基于群体专家评价的现代服务业发展的关键影响因素的修正与补充后的某城市或地区的基于云端互动的现代服务业发展的关键影响因素，即 $E = \{E_1, E_2, \cdots, E_N\}$，其中 N 表示关键影响因素的总个数。这里，将关键影响因素的总个数视为 NK 模型中的参数 N，即系统中有 N 个关键影响因素，当某一个关键影响因素发生变化会影响到与之关联的若干个其他关键影响因素，进而会对整个复杂系统的适应性产生影响，换句话说，当某一个关键影响因素发生变化，会影响到与之关联的若干个其他的关键影响因素，进而会影响到某城市或地区基于云端互动的现代服务业的发展。

7.3.2　现代服务业发展的复杂性识别（参数 K 的确定）

首先，第 6 章给出的修正或补充后的某城市或地区基于云端互动的现代服务业发展的关键影响因素与其他影响因素的关联关系已然发生变化的关键影响因素（不包括仅修正其相关描述，而未实际改变与其他影响因素关联关系的关键影响因素），由专家 F_1，F_2，$\cdots$，F_a 依据评价某城市或地区基于云端互动的现代服务业发展的影响因素间关联强弱的语言评价短语集合 Z，分析补充（或修正）的关键影响因素 E_i 与其他关键影响因素 E_1，E_2，$\cdots$，E_N 之间有无直接关联关系，这样可以得到关键影响因素 E_i 的直接关联评价行向量 $P_{oi}^+ = [p_{oi1}^+, \ p_{oi2}^+, \ \cdots, \ p_{oiN}^+]$ 和直接关联评价列向量 $P_{oi}^- = [p_{o1i}^-, \ p_{o2i}^-, \ \cdots, \ p_{oNi}^-]^T$，其中，行向量 P_{oi}^+ 表示关键影响因素 E_i 对其他关键影响因素的直接影响程度，列向量 P_{oi}^- 表示其他关键影响因素对关键影响因素 E_i 的直接影响程度，$o \in \{1, \ 2, \ \cdots, \ a\}$，$i \in \{1, \ 2, \ \cdots, \ N\}$。这里不考虑关键影响因素 E_i 自身的影响，故将行向量的元素 p_{oii}^+ 和列向量的元素 p_{oii}^- 记为 "$-$"，运算时视为 0。

然后，依据公式（5.13）和公式（5.14）将专家给出的语言短语形式的关键影响因素 E_i 的直接关联评价行向量 $P_{oi}^+ = [p_{oi1}^+, \ p_{oi2}^+, \ \cdots, \ p_{oiN}^+]$ 和直接关联评价列向量 $P_{oi}^- = [p_{o1i}^-, \ p_{o2i}^-, \ \cdots, \ p_{oNi}^-]^T$ 分别转换为二元语义形式的行向量 $\tilde{P}_{oi}^+ = [\tilde{p}_{oi1}^+, \ \tilde{p}_{oi2}^+, \ \cdots, \ \tilde{p}_{oiN}^+]$ 和列向量 $\tilde{P}_{oi}^- = [\tilde{p}_{o1i}^-, \ \tilde{p}_{o2i}^-, \ \cdots, \ \tilde{p}_{oNi}^-]^T$，$o \in \{1, \ 2, \ \cdots, \ a\}$，$i \in \{1, \ 2, \ \cdots, \ N\}$。

其次，运用二元语义算术平均算子[195,196]，依据公式（5.15）将专家 F_1，F_2，$\cdots$，F_a 给出的关键影响因素 E_i 的直接关联评价行向量 $\tilde{P}_{oi}^+ = [\tilde{p}_{oi1}^+, \ \tilde{p}_{oi2}^+, \ \cdots, \ \tilde{p}_{oiN}^+]$ 和直接关联评价列向量 $\tilde{P}_{oi}^- = [\tilde{p}_{o1i}^-, \ \tilde{p}_{o2i}^-, \ \cdots, \ \tilde{p}_{oNi}^-]^T$ 分别集结为关键影响因素 E_i 的直接关联群体评价行向量 $\tilde{P}_i^+ = [\tilde{p}_{i1}^+, \ \tilde{p}_{i2}^+, \ \cdots, \ \tilde{p}_{iN}^+]$ 和直接关联群体列向量 $\tilde{P}_i^- = [\tilde{p}_{1i}^-, \ \tilde{p}_{2i}^-, \ \cdots, \ \tilde{p}_{Ni}^-]^T$，$i \in \{1, \ 2, \ \cdots, \ N\}$。

进一步地，在第 5 章给出的二元语义形式的基于云端互动的现代服务业发展影响因素的直接关联群体评价矩阵 $\tilde{P} = [\tilde{p}_{hj}]_{n \times n}$ 的基础上，仅保留除第 6 章给出的修正或补充的关键影响因素 E_i 以外的其余所有基于云端互动的现代服务业发展的关键影响因素 E_1，E_2，$\cdots$，E_{i-1}，E_{i+1}，$\cdots$，E_N 所在的行和列，行和列的顺序保持不变，得到二元语义形式的基于云端互动的现代服务业发展的部分关键影响因素直接关联群体评价矩阵 $\tilde{\psi}' = [\tilde{\varphi}'_{\alpha'\beta'}]_{(N-1) \times (N-1)}$，其中，$\tilde{\varphi}'_{\alpha'\beta'} = (\varphi'_{\alpha'\beta'}, \ \alpha'_{\alpha'\beta'})$，$\alpha'$，$\beta' \in \{1, \ 2, \ \cdots, \ N\}$ 且 α'，$\beta' \neq i$。

在此基础上，将关键影响因素 E_i 的直接关联群体评价行向量 $\tilde{P}_i^+ = [\tilde{p}_{i1}^+,$ $\tilde{p}_{i2}^+, \cdots, \tilde{p}_{iN}^+]$ 和直接关联群体评价列向量 $\tilde{P}_i^- = [\tilde{p}_{1i}^-, \tilde{p}_{2i}^-, \cdots, \tilde{p}_{Ni}^-]^T$ 分别插入部分关键影响因素直接关联群体评价矩阵 $\tilde{\psi}'$ 中，得到基于云端互动的现代服务业发展的关键影响因素直接关联群体评价矩阵 $\tilde{\psi} = [\tilde{\varphi}_{\alpha\beta}]_{N \times N}$，其中，$\tilde{P}_i^+$ 为矩阵 $\tilde{\psi} = [\tilde{\varphi}_{\alpha\beta}]_{N \times N}$ 的第 i 行，$\tilde{P}_i^-$ 为矩阵 $\tilde{\psi} = [\tilde{\varphi}_{\alpha\beta}]_{N \times N}$ 的第 i 列，$i \in \{1, 2, \cdots, N\}$，$\alpha, \beta \in \{1, 2, \cdots, N\}$。不失一般性，若第6章给出的修正或补充后的基于云端互动的现代服务业发展的关键影响因素与其他影响因素的关联关系已然发生变化的关键影响因素为多个，亦可参照以上方法进行处理，由于篇幅所限，此处本书不再赘述。

接下来，依据公式（5.3）的逆函数 Δ^{-1} 将二元语义形式的基于云端互动的现代服务业发展的关键影响因素直接关联群体评价矩阵 $\tilde{\psi} = [\tilde{\varphi}_{\alpha\beta}]_{N \times N}$ 转化为数值形式的关键影响因素直接关联群体评价矩阵 $\psi = [\varphi_{\alpha\beta}]_{N \times N}$。

然后，通过集结直接关联群体评价矩阵 ψ 中各元素，可得到基于云端互动的现代服务业发展的关键影响因素间的直接关联评价的均值 $\bar{\varphi}$，其计算公式为：

$$\bar{\varphi} = \frac{1}{N \times N} \sum_{\alpha=1}^{N} \sum_{\beta=1}^{N} \varphi_{\alpha\beta}, \alpha, \beta \in \{1, 2, \cdots, N\} \qquad (7.1)$$

在基于云端互动的现代服务业发展的关键影响因素直接关联群体评价矩阵 $\psi = [\varphi_{\alpha\beta}]_{N \times N}$ 基础上，将均值 $\bar{\varphi}$ 作为判断影响因素间是否存在关联的阈值，构建基于云端互动的现代服务业发展的关键影响因素邻接矩阵 $B = [b_{\alpha\beta}]_{N \times N}$，矩阵中元素 $b_{\alpha\beta}$ 的计算公式为：

$$b_{\alpha\beta} = \begin{cases} 1, & \varphi_{\alpha\beta} \geqslant \bar{\varphi} \\ 0, & \varphi_{\alpha\beta} < \bar{\varphi} \end{cases}, \alpha, \beta \in \{1, 2, \cdots, N\} \qquad (7.2)$$

式中，$b_{\alpha\beta} = 1$，表示关键影响因素 β 对关键影响因素 α 存在影响，即关键影响因素 β 的改变会使关键影响因素 α 的适应度值发生变化；$b_{\alpha\beta} = 0$，表示关键影响因素 β 对关键影响因素 α 不存在影响，即关键影响因素 β 的改变不会使关键影响因素 α 的适应度值发生变化或者变化可忽略不计。

进一步地，集结矩阵 $B = [b_{\alpha\beta}]_{N \times N}$ 中的行元素，可得到关键影响因素关

联度 k_χ，其计算公式为：

$$k_\chi = \sum_{\beta=1}^{N} a_{\chi\beta}, \chi \in \{1, 2, \cdots, N\} \tag{7.3}$$

式中，k_χ 表示对关键影响因素 χ 存在影响的关键影响因素的数量，且不考虑关键影响因素对其自身的影响。

依据 NK 模型理论，各关键影响因素关联度 k_χ 的平均值即为参数 K，其计算公式为：

$$K = \frac{1}{N} \sum_{\chi=1}^{N} k_\chi \tag{7.4}$$

式中，K 表示系统的各关键影响因素受到其他关键影响因素影响的平均数量。显然，K 值越大，系统中关键影响因素间的相互作用越大，系统越复杂。例如，当 $K=0$ 时，系统中关键影响因素间不存在相互影响，系统复杂性最低；当 $K=N-1$ 时，系统中每个关键影响因素之间都存在相互影响，系统复杂性最高。

7.3.3 基于云端互动的现代服务业发展的适应度景观图的生成

根据 NK 模型理论，按照关键影响因素邻接矩阵 $B = [b_{\alpha\beta}]_{N\times N}$ 显示的关联关系，当关键影响因素 E_i 的等位基因发生变异（即进行关键影响因素的改进或调整）或者与之有上位关系的关键影响因素的基因发生变异时，就从（0，1）均匀分布的随机变量中抽取一个随机数，并作为关键影响因素 E_i 的适应度值，即：

$$g_i^d \sim U(0, 1), i \in \{1, 2, \cdots, N\}, d \in \{1, 2, \cdots, v\} \tag{7.5}$$

依据构建的基于云端互动的现代服务业发展的关键影响因素适应度矩阵 $G = [g_i^d]_{v\times N}$，可得到基于云端互动的现代服务业发展的关键影响因素等位基因组合 M_d 的适应度值 g^d，其计算公式为：

$$g^d = \frac{1}{N} \sum_{i=1}^{N} g_i^d, d \in \{1, 2, \cdots, v\} \tag{7.6}$$

进一步地，依据基于云端互动的现代服务业发展的关键影响因素等位基因组合所对应的所有适应度值，将其映射到三维空间上，就形成了某城市或地区基于云端互动的现代服务业发展的适应度景观图，其本质上体现了在某城市或地区基于云端互动的现代服务业发展过程中其关键影响因素之间的相互作用，将某城市或地区基于云端互动的现代服务业发展过程这一复杂系统中所有可能的适应状态绘制成如图 7.1 所示的三维图。

7.3.4　基于 NK 模型的现代服务业发展路径的优选

由本章前文所述可知，某城市或地区基于云端互动的现代服务业发展路径的搜寻过程就是对其关键影响因素的改进和调整的过程（现实中，等位基因的数量通常为"2"），关键影响因素的等位基因由状态"0"转换到状态"1"的同时，基于云端互动的现代服务业（即复杂系统）的整体适应度值不断提高，具体表现为在适应度景观图上"攀爬"的过程（见图 7.3）。由图 7.3 可知，从 a 点出发，经过对周边位置适应度值的判断，经由 b 点、c 点和d 点，最终到达最高点 e 点。

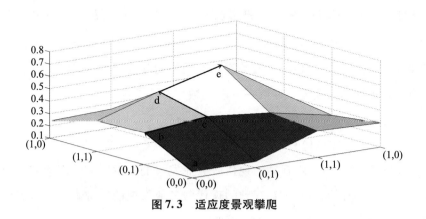

图 7.3　适应度景观攀爬

综上所述，从 a 点出发，通过对各点整体适应度值的比较，经过不断搜

寻，最终到达 e 点的过程就是某城市或地区基于云端互动的现代服务业发展
路径的搜寻过程，如图 7.3 所示，某城市或地区基于云端互动的现代服务业
的发展路径为 a→b→c→d→e。

在某城市或地区基于云端互动的现代服务业发展路径选择过程中，究竟
选择哪种"攀爬方式"，不仅是技术方法问题，更是针对某城市或地区的现
代服务业发展决策的选择问题。根据每次"攀爬"所涉及的基于云端互动的
现代服务业发展的关键影响因素数量的不同，考虑关键影响因素的基于云端
互动的现代服务业发展主要有两种策略，即单个关键影响因素的改进或调整
和多个关键影响因素的改进和调整。其中，单个关键影响因素改进或调整是
指每次仅改变一个关键影响因素的等位基因值，在适用度景观图上表现为从
一个顶点向相邻顶点的攀爬过程；而多个关键影响因素改进或调整是指每次
可改变多个关键影响因素的等位基因值，在适应度景观图上表现为从一个向
更远顶点的"攀爬"过程。针对上述两种策略，随着每次基于云端互动的现
代服务业发展的关键影响因素数量的增加，搜寻到全局最优点的概率亦相应
增加，但某城市或地区所承担的风险也相应提高。为此，管理者或决策分析
者需要结合实际情况，妥善选择。本研究通过文献分析方法，经过对现有
"攀爬方式"的归纳整理，目前主要采用的搜寻方式（见表 7.1）。

表 7.1　　　　　　　　　　　　　　　主要"攀爬方式"情况

策略	搜寻方式	基本原理	特点
单个要素创新	局部搜寻	每次搜索仅改变一个决策值	效率最低，却能够体现主体适应性渐增的规律
	贪婪搜寻	无须多次试错，计算出周围适应度最高点，直接移动	减少了搜索耗费的时间
多个要素创新	长跳搜寻	一次改变多个决策值，如主体适应度没有提高，则保留在原来的位置点	将一次搜索范围扩大，能够跳出局部高峰而到达全局最高峰

策略	搜寻方式	基本原理	特点
多个要素创新	认知搜寻	在管理者的认知空间（小于问题空间）中搜索最优方案	引入管理者的认知维度，使搜索始于较优的起始点
	模仿搜寻	在适应度景观上确定一个"标杆点"，并一次改变多个属性来与其匹配	搜索方向是确定的，适用于模仿创新

本书拟采用 Matlab 2022a 工具通过计算机仿真技术进行模拟搜寻，为了确保结果的稳定性和可信性，针对某城市或地区的基于云端互动的现代服务业的发展路径的选择问题，本书拟对适应度矩阵和局部搜索进行至少 10 万次模拟，拟通过对 10 万次模拟搜寻出的针对某城市或地区的基于云端互动的现代服务业的发展路径进行统计分析，将进行改进或调整的关键影响因素的等位基因组合占比进行计算，将占比最大的等位基因所对应的关键影响因素找出并依次排序，显然，关键影响因素的改进和调整排序即可视为某城市或地区的基于云端互动的现代服务业的发展路径，本书拟给出针对某城市或地区的基于云端互动的现代服务业发展路径的选择结果及分析。

7.4　本章小结

本章围绕基于云端互动的现代服务业发展的生成与优选问题进行研究，主要研究了基于 NK 模型的现代服务业发展路径的生成与优选等问题，并给出了相应的原理与方法。

在提出的基于 NK 模型的现代服务业发展路径的生成与优选方法中，将第 5 章和第 6 章所述方法最终确定的某城市或地区基于云端互动的现代服务业发展的关键影响因素的个数确定为参数 N，并且考虑关键影响因素间相互作用、相互影响的关联关系，通过关键影响因素之间的关联情形分析确定参

数 K，据此通过对各关键影响因素的不同决策选择的结果进行组合，可以得到基于云端互动的现代服务业发展的决策选项集合，进一步地，利用随机分布函数为每一个改进决策的选择结果随机分配适应度值，并根据最终得到的基于云端互动的现代服务业发展路径决策选项集合及其对应的适应度值，绘制出基于云端互动的现代服务业发展的适应度景观图。在基于云端互动的现代服务业发展路径的优选中，依据适应度景观图中相应的"攀爬方式"，利用计算机仿真技术对基于云端互动的现代服务业发展路径进行优选。

本章提出的方法较好地解决了基于云端互动的现代服务业发展路径的生成与优选问题，不仅丰富了已有相关研究成果，而且还能较好地应用于解决实际的基于云端互动的现代服务业发展路径的生成与优选问题中。

第 8 章

应用研究：基于云端互动的沈阳市现代服务业发展路径选择

为了说明和验证本书提出的基于云端互动的现代服务业发展路径选择方法的实用性、有效性和可行性，本章以沈阳市为例，进行有针对性的应用研究。首先，给出沈阳市现代服务业发展的背景分析，其中包括沈阳市经济发展的基本概况、沈阳市现代服务业发展中现存的问题分析以及沈阳市基于云端互动发展现代服务业的必要性，在此基础上，给出基于云端互动的沈阳市现代服务业发展路径选择的问题描述，然后，针对沈阳市的实际情况确定其基于云端互动的现代服务业发展的关键影响因素，并对关键影响因素进行修正与补充，进一步地，给出基于云端互动的沈阳市现代服务业发展路径的生成与优选，最后给出对基于云端互动的沈阳市现代服务业发展路径优选结果的相关分析。

8.1　背　景　分　析

本节给出以沈阳市现代服务业发展路径选择为实例的背景分析，主要包括沈阳市经济发展的基本概况、沈阳市现代服务业发展中存在的问题分析以及沈阳市基于云端互动发展现代服务业的必要性。

8.1.1 沈阳市经济发展基本概况

沈阳市位于中国东北地区的南部、辽宁省中部。全市总面积 1.286 万平方千米。沈阳是辽宁省省会、副省级城市、特大城市、沈阳都市圈核心城市，是东北地区重要的中心城市、先进装备制造业基地和国家历史文化名城。2020 年 10 月，党的十九届五中全会通过的《中共中央关于制定国民经济和社会发展第十四个五年规划和二〇三五年远景目标的建议》[202]明确提出实施城市更新行动，对进一步提升城市发展质量做出重大决策部署。2020 年 12 月，住建部、辽宁省政府签署共建城市更新先导区合作框架协议，由此辽宁省成为全国唯一部省共建城市更新先导区省份[203]。2021 年 11 月，沈阳市获批为全国第一批城市更新试点城市[204]，聚焦建设东北亚国际化中心城市、国家先进制造中心、区域性文化创意中心发展定位，以城市振兴发展为愿景，推动老工业基地转型蝶变。

东北老工业基地加快调整改造是党的十六大提出的一项重要任务，2003 年 10 月，中共中央、国务院《关于实施东北地区等老工业基地振兴战略的若干意见》正式印发，标志着东北地区等老工业基地振兴战略启动实施。2012 年党的十八大以来，习近平总书记两次到辽宁考察、两次在全国两会期间参加辽宁代表团审议，强调"深入实施创新驱动发展战略，为振兴老工业基地增添原动力"[205]为辽宁振兴发展把脉定向，做出了全面部署。接下来，从 2014 年的《关于近期支持东北振兴若干重大政策举措的意见》[206]，到 2016 年的《关于全面振兴东北地区等老工业基地的若干意见》[207]，再到 2021 年的《东北全面振兴"十四五"实施方案》[208]，党中央、国务院出台了一系列政策措施，使得东北三省的经济发展明显加快了步伐。

2022 年 7 月，辽宁省统计局发布了《2022 年上半年辽宁省地区生产总值统一核算结果》[210]，如表 8.1 所示。2022 年上半年，辽宁省实现地区生产总值 13172.9 亿元，按可比价格计算，同比实际增长 1.5%，但仍低于全国增速 1.0 个百分点，上半年 GDP 总量全国排名第 18 位。从产业结构上看，第一产业（农林牧渔业）增加值950.6亿元，同比增长3.8%；第二产业（工业及制造业、建筑业等）增加值5306.2亿元，同比下降2.4%，规模以上工业增加值同比下降3.0%；第三产业（服务业）增加值6916.1亿元，同比增长3.8%，占比达到52.5%。很明显，上半年辽宁省第二产业工业经济出现下滑，第一产业与第三产业基本保持稳定增长。

表8.1 　　　　　2022年上半年辽宁省地区生产总值统一核算结果

排名	地区	2022年上半年（亿元）	2021年上半年（亿元）	同比增长量	实际增长率（%）	名义增长率（%）	2021年GDP（亿元）
—	辽宁省	13172.9	12641.2	531.7	1.5	4.2	27584.1
1	大连市	3905.7	3632.4	273.3	3.3	7.5	7825.9
2	沈阳市	3460.9	3303.6	157.3	2.6	4.8	7249.7
3	鞍山市	889.1	879.6	9.5	-0.7	1.1	1888.1
4	营口市	656.4	660.2	-3.8	-3.5	-0.6	1403.2
5	盘铺市	643.1	674.7	-31.6	-7.9	-4.7	1383.2
6	铺州市	554.5	533.6	20.9	2.0	3.9	1148.3
7	朝阳市	448.2	422.4	25.8	3.2	6.1	944.8
8	本溪市	429.0	417.6	11.4	0.1	2.7	894.2
9	抚顺市	426.9	398.8	28.1	3.0	7.0	870.1
10	辽阳市	393.7	387.3	6.4	-1.1	1.7	857.9
11	丹东市	387.0	381.6	5.4	-1.8	1.4	854.4
12	葫芦岛市	384.6	375.1	9.5	-0.5	2.5	841.7
13	铁岭市	331.3	322.4	8.9	2.0	2.8	716.0
14	阜新市	262.7	251.9	10.8	3.0	4.3	544.7

资料来源：《2022年上半年辽宁省地区生产总值统一核算结果》整理。

通过上述分析，可以看出，辽宁省2022年上半年经济承压明显，特别是工业经济低迷，加之上半年受到疫情频发、散发的影响，辽宁省内各市经济发展也有较明显的放缓，甚至多地经济出现负增长的情况，所以辽宁省上半年整体经济能够实现正增长实属不易。下半年全国经济下行压力可能会持续存在，辽宁省的经济发展仍旧面临诸多困境。

沈阳市充分认识实施东北老工业基地振兴战略的重要性和紧迫性，认真贯彻落实习近平总书记重要指示精神，深入实施创新驱动发展战略，努力在变革性实践中取得突破性进展，近二十年来，沈阳市地区生产总值总体呈上升趋势，如图 8.1 所示。2022 年 10 月，党的二十大报告指出要"深入实施区域协调发展战略"[209]，而东北振兴战略是国家区域协调发展战略的重要组成部分，所以，继续推动东北全面振兴取得新突破，是深入实施区域协调发展战略的关键举措和重要着力点。新时代老工业基地的全面振兴，必须在创新驱动和高水平开放上取得新突破，聚力创新开放再造东北新优势。

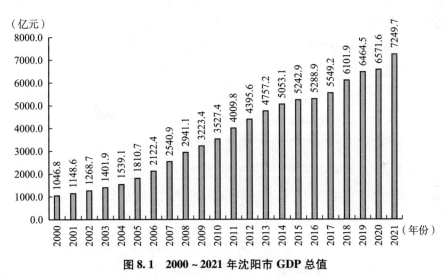

图 8.1　2000~2021 年沈阳市 GDP 总值

资料来源：《2022 年上半年辽宁省地区生产总值统一核算结果》整理。

2022 年 8 月，沈阳市统计局发布了《2022 年上半年全市经济运行情况综述》[211]，统计数据显示，沈阳市上半年 GDP 为 3460.9 亿元，同比增长 2.6%，仅次于大连市，位居第二位。这里需要指出的是，沈阳市与大连市的 GDP 差距在持续拉大，经济差额为 444.8 亿元，高于上年同期的 328.8 亿元。

2022 年 10 月，辽宁省统计局给出了 2022 年 1 ～ 8 月份，沈阳市经济发展的基本情况如下[212]：

（1）工业生产大幅回升，高技术制造业增势较好。1 ～ 8 月份，沈阳市全市规模以上工业增加值同比增长 0.9%，比 1 ～ 7 月份提高 2.7 个百分点。其中，8 月当月增长 19.8%，比 7 月提高 28.9 个百分点。从大类行业看，全市规模以上工业涉及的 37 个大类行业中，15 个行业增加值实现增长，增长为 40.5%。从重点行业看，铁路、船舶、航空航天和其他运输设备制造业增加值增长 44.7%，专用设备制造业增加值增长 44.1%，医药制造业增加值增长 23.2%，通用设备制造业增加值增长 18.0%，烟草制品业增加值增长 12.9%。从产品产量看，新能源汽车增长 19.3%，医疗仪器设备及器械增长 13.0%。从新动能产业看，规模以上高技术制造业增加值增长 15.6%，高于全市 14.7 个百分点。

（2）固定资产投资稳定增长，工业投资保持强劲增势。1 ～ 8 月份，全市固定资产投资同比增长 7.5%，比 1 ～ 7 月份提高 0.7 个百分点。其中，8 月当月增长 11.5%，比 7 月提高 2.1 个百分点。从三次产业看，第一产业下降 29.7%，第二产业增长 54.4%，第三产业下降 0.2%。从投资构成看，建筑安装工程投资增长 8.7%，设备工器具购置投资增长 59.6%，其他费用投资下降 10.5%。从投资主体看，民间投资下降 14.7%，国有投资增长 61.8%，外商及港澳台投资增长 32.1%。从重点行业和领域投资看，工业投资增长 54.9%，其中制造业投资增长 47.7%，汽车制造业投资增长 9.5%；基础设施投资增长 1.0 倍，社会领域投资增长 1.5 倍，高技术产业投资增长 99.2%。

（3）消费品市场持续回暖，网上零售稳定增长。1 ～ 8 月份，全市限额以上单位实现消费品零售额 1121.1 亿元，同比增长 0.6%，比 1 ～ 7 月份提高 0.8 个百分点。其中，8 月当月完成 148.2 亿元，增长 6.4%，比 7 月提高 5.2 个百分点。从网上零售情况看，全市限额以上单位实现实物商品网上零售额 306.3 亿元，增长 5.1%。从重点行业看，全市限额以上零售额所包含的 23 个行业中，11 个行业实现增长。其中，机电产品及设备类增长 28.3%，金银珠宝类增长 15.1%，粮油食品类增长 12.2%，石油及制品类增长

10.9%，中西药品类增长 7.0%。从重点企业看，限额以上零售额前 20 名的企业完成零售额 477.8 亿元，占全市比重为 42.6%，增长 2.4%。

（4）出口总额稳步增长，实际利用外资保持较快增速。1～8 月份，全市实现进出口总额 924.1 亿元，同比增长 3.7%。其中，出口总额 345.0 亿元，增长 25.2%；进口总额 579.1 亿元，下降 5.9%。1～8 月份，全市实际利用外资 38.9 亿美元，同比增长 521.4%。

（5）财税收支总体平稳，金融信贷运行稳定。1～8 月份，全市一般公共预算收入 479.3 亿元，扣除留抵退税因素后可比增长 0.1%（按自然口径计算下降 10.2%）。其中，税收收入 350.9 亿元，扣除留抵退税因素后可比下降 4.7%（按自然口径计算下降 17.7%）。全市一般公共预算支出 675.2 亿元，增长 3.4%。8 月末，全市金融机构本外币各项存款余额 20480.7 亿元，同比增长 5.7%；人民币各项存款余额 20286.0 亿元，增长 5.5%。金融机构本外币各项贷款余额 20368.6 亿元，增长 6.8%；人民币各项贷款余额 20177.4 亿元，增长 6.9%。

（6）物价水平总体稳定，居民消费价格温和上涨。1～8 月份，全市居民消费价格比上年同期上涨 1.7%，涨幅比去年同期提高 0.4 个百分点。其中，交通和通信类、食品烟酒类、教育文化和娱乐类、其他用品和服务类、生活用品及服务类价格分别上涨 6.4%、3.1%、2.1%、1.6%、0.8%；医疗保健类、居住类和衣着类价格分别下降 0.2%、0.8% 和 2.1%。

由此可见，2022 年上半年以来，沈阳市在市委市政府的领导下，全市上下高效统筹疫情防控和经济社会发展，加力落实经济"一揽子"政策和接续政策措施，经济运行延续恢复向好态势。但是，沈阳市未来的经济发展仍不可松懈，沈阳市进入高质量发展的重要时期。社会民生方面，沈阳高校、医疗资源虽有优势，但公共服务供给仍不充分；产业活力方面，营商环境不断优化，科技创新资源丰富，但经济增长与城市建设规模扩张不同步；人文魅力方面，历史、红色、工业文化品牌逐渐形成社会共识，但文化底蕴彰显不足；绿色生态方面，公园等生态空间建设初步完成，但城市生态环境敏感脆弱，生态颜值有待提高；城市智慧方面，街路更新、5G 等基础设施建设快速推进，但交通市政体系仍需优化。

现代服务业是衡量一个国家、城市或地区现代化经济发展水平的重要标志之一，也是衡量一个国家、城市或地区现代化程度和综合发展水平的重要标志。现代服务业是伴随着信息技术和知识经济的发展产生的，用现代化的新技术、新业态和新服务方式改造传统服务业，创造需求，引导消费，向社会提供高附加值、高层次、知识型的生产服务和生活服务的服务业。沈阳市与上海市、深圳市、北京市等地区的发展形势相比，其现代服务业仍然不够成熟和完善，尤其是受到传统产业因素、地区文化因素等制约，沈阳市现代服务业还需要进一步发展，老工业基地的智慧化工业转型与产业融合是沈阳市经济发展的重要前提。此外，现代服务业产业关联性强、高增值性、资源消耗少，对于推动沈阳市制造业的可持续发展以及沈阳市整体的经济发展具有重要的战略意义。

8.1.2 沈阳市现代服务业发展中现存问题分析

本小节将对沈阳市现代服务业发展的现状进行说明，进而对当前沈阳市现代服务业发展中存在的问题进行分析。

从整体来看，沈阳市现代服务业发展水平偏低，成为经济发展中的一块"短板"，制约了区域产业结构优化升级与国民经济整体水平的提高。近年来，沈阳市委、市政府高度重视沈阳市现代服务业的发展，加快发展现代物流、金融保险、电子商务等生产性服务业，大力发展就业吸纳力强和市场需求大的生活性服务业，均取得了明显成效。但由于种种原因，沈阳市现代服务业总量依然不足，与我国一线城市或发达地区还有较大差距，与辽宁省工业化、城市化发展及国家建设新兴产业基地的要求不相适应。所以，沈阳市发展起步较晚，发展基础较薄弱，作为全国第一批城市更新试点城市，以及东北亚国际化中心城市、国家先进制造中心、区域性文化创意中心发展定位，其现代服务业的发展与北京、上海等一线城市相比，差距依然很大，主要存在以下几点问题。

（1）现代服务业发展的结构不合理。现阶段，沈阳市传统服务产业仍占主导地位，现代服务业开发利用不足，其中批发和零售业、餐饮住宿业、交通运输和邮电仓储业等行业发展较快，但金融、保险、咨询、邮电等技术密集和知识密集行业，仍与我国一线城市或发达地区存在差距，而租赁与商务服务业（如广告、中介服务、法律财务服务等）、科学研究和技术服务、卫生社会保障和社会福利业、计算机网络服务等新型的现代服务业发展则相对滞后。尽管商贸、餐饮业、酒店业、房地产业是吸引外资的主要领域，但是和我国一线城市或发达地区相比，这些领域对外开放引进外资的能力尚显不足。

（2）生产性服务业发展相对缓慢。国内外经济发展实践表明，生产性服务业是在制造业迅速发展的基础上蓬勃兴起的，而又成为制造业迅速发展的有力支撑。生产性服务业能够促进生产专业化，扩大资本和知识密集型生产，从而提高劳动与其他生产要素的生产率。沈阳市的产业基础和优势是制造业，但是目前沈阳市现代服务业的发展未建立在现有产业的基础上，信息技术、研发设计、技术咨询、检验检测、电子商务等生产性服务业发展相对缓慢，导致服务成本较高、核心竞争力较差，对制造业推力不够，制约第二、第三产业融合发展，与老工业基地振兴不同步。

（3）专业人才紧缺。沈阳市现代服务业发展需要一批具有现代服务业专业技能和较高经营管理水平的人才队伍。但目前从总体看，沈阳市现代服务业人才数量不足，特别是高层次专业人才短缺现象比较严重。物流业、金融保险业、通信信息技术服务业、管理咨询业、会展业等人才资源缺口难以支撑现代服务业的快速发展。同时，一些现代服务业管理者或决策分析者观念落后，思想保守，缺乏创新理念和开拓精神，不懂得现代服务业发展的规律，跟不上现代服务业发展形势，职业能力亟须提高。

（4）"产、学、研"结合的发展体系不够完善。现代服务企业缺乏有效沟通和联系的平台与渠道，并且缺乏相应的技术人才和资金支撑，科研院所的科技成果产业化率较低，上述问题导致现代服务业产品的技术含量与附加值较低。2021 年，沈阳市组织实施 107 个"揭榜挂帅"项目，以企业为龙头组建实质性产学研联盟，全市联盟达到 325 家。新增 7 个省级科技成果转化中试基地，本地转化基地累计达到 20 个，技术转移机构达到 53 家，科技成果本地转化率实现 40% 以上[213]。但是，这与我国一线城市或发达地区仍有很大的差距。

综上所述，沈阳市现代服务业近年来发展较快，但目前仍是相对薄弱的产业。无论是规模还是质量都与辽宁老工业基地振兴的新形势不协调，与建设国家新兴产业基地的新任务不适应，因此，采取积极有效的对策大力发展沈阳市现代服务业势在必行。

8.1.3　沈阳市基于云端互动发展现代服务业的必要性

《辽宁省国民经济和社会发展第十四个五年规划和二〇三五年远景目标纲要》[214]明确提出要推进数字产业化和产业数字化，积极推动数字经济和实体经济深度融合。沈阳市认真落实"上云用数赋智"新发展理念[215]，积极探索推行普惠型云服务支持政策（"上云"），从更深层次推进大数据融合运用（"用数"），进一步加大对企业智能化改造的支持力度，特别是推进人工智能和实体经济的深度融合（"赋智"），即充分运用大数据以及人工智能等新技术，进一步加强产业间、企业间的"云端"互动。《沈阳市加快数字经济发展行动计划（2019—2021 年）》[216]中指出沈阳市要以建设东北数字经济第一城为目标，以"数字产业化、产业数字化"为核心，牢牢把握大数据产业链、5G 产业、工业互联网、智慧城市新体系四条主线，构建良好数字生态。

近年来，沈阳市认真落实数字经济新发展理念，制定了振兴沈阳发展战略定位，传统产业嫁接了新技术，带来了很多新业态、新模式，如共享单车、网上订餐、网上会议、网约车等，使得传统服务业发生了颠覆性变革，改变了以往的商业模式。数字经济的飞速发展让现代服务业实现了智能化和信息化，也为各种远程服务提供了可能性，全面整合生活服务业，逐步消除传统商业模式环节众多、生产信息不透明等劣势，提升资源配置的质量，建立数字化转型伙伴生态，搭建中小微企业与平台企业、数字化服务商对接，轻量应用和微服务。截至 2022 年底，工业和信息化部办公厅关于 2022 年千兆城市建设情况的通报显示，沈阳已成为千兆城市，其中 5G 用户占比达 33%，10G-PON 端口占比和 500 兆及以上用户占比均达 28%。此外，沈阳市数字经济体系已经基本建立，沈阳市正在积极建设智慧产业、智慧医疗、智慧交通、智慧教育及智慧城市治理及服务等平台，力求推进沈阳数字经济的进一步发展，力争成为东北地区数字经济发展引领区、国内工业互联网建设先行城市、国家数字丝绸之路战略节点。

基于此，针对沈阳市当前的经济发展情况，对沈阳市基于云端互动发展现代服务业的必要性作出进一步阐述。

（1）助推沈阳市经济高质量发展。现代服务业的产业关联性强，企业间、产业间进一步加强"云端互动"，能够促进沈阳市现代服务业业态创新与模式创新，深化资源共享，优化区域产业空间结构，对于推动沈阳市经济高质量发展，加速经济结构调整有着重要的现实意义。

（2）提升产业竞争力。产业间、企业间"云端互动"是提升产业竞争力，推动经济高质量发展的必然要求。基于云端互动大力发展现代服务业，加快 5G、人工智能、大数据中心、工业互联网等新型基础设施建设，能够推动传统产业与其融合发展，塑造产业竞争新优势，培育现代服务业新产业、新业态、新模式。将"数字基建"纵深推进，补充、优化、延伸打造具有区域特色的数字产业链，为构建梯次分明、分工明确、相互衔接、具有国际竞争力的数字产业集群提供坚实基础。

（3）促进产业链高效协同。推动现代服务企业上云，推广现代服务业企业设备联网上云，推进产业链数据集成上云等"云化"改造，实现产业间、企业间"云端"互动，能够实现资源高效匹配，带动产业链发展，推动共享制造。基于云端互动发展现代服务业能够推动数字技术的不断发展，进一步实现价值链的优化和组合，降低运维成本的同时提高现代服务企业的灵活性，促进产业链的高效协同，更好地应对市场竞争、提升产业竞争力。

（4）推动智慧城市的建设。随着信息技术的不断发展，不断催生新的业态，也深刻改变着人们的思维方式、生活方式，"云端互动"能够推动城市治理方式的"云"化，全面优化城市资源配置，实现城市的数字化、智能化发展，进一步深化"数字沈阳"建设。

因此，基于云端互动发展沈阳市现代服务业能够助推沈阳市经济高质量发展、提升产业竞争力、促进产业链高效协同、推动智慧城市建设。

8.2 基于云端互动的沈阳市现代服务业发展的关键影响因素识别

本节围绕基于云端互动的沈阳市现代服务业发展的影响因素筛选问题进行研究，主要包括聘请相关领域的专家们结合沈阳市经济发展的实际情况，针对第 4 章基于文献计量分析筛选得到的基于云端互动的现代服务业发展影响因素的重要性进行评价与分析，并运用 DEMATEL 方法进行基于云端互动的沈阳市现代服务业发展的关键影响因素识别。

8.2.1 沈阳市现代服务业发展的影响因素筛选

为了进行基于云端互动的沈阳市现代服务业发展的关键影响因素识别，考虑时空的限制，本书采用电子函询的方式，分别聘请了来自政府、高校、科研机构、管理咨询公司的 4 位专家，以及来自沈阳市现代服务企业的 3 位管理者组成了沈阳市现代服务业发展规划委员会对沈阳市现代服务业的发展现状进行了分析，依据本书第 4 章给出的基于文献计量分析得到的现代服务业发展影响因素，如表 4.1 所示，确定基于云端互动的沈阳市现代服务业发展的影响因素 C_1，C_2，$\cdots$，C_m。沈阳市现代服务业发展战略规划委员会首先针对沈阳市经济发展的实际情况，依据语言评价短语 $L = \{L_0 = \text{VB}$（非常不重要），$L_1 = \text{B}$（不重要），$L_2 = \text{L}$（一般），$L_3 = \text{G}$（重要），$L_4 = \text{VG}$（非常重要）$\}$，对表 4.1 给出的基于云端互动的现代服务业发展的影响因素进行重要性评价（调查问卷见附录 A）。然后，将语言评价短语转化为其对应的下标值进行统计与分析，依据公式（5.11）和公式（5.12）计算出专家评价的平均值和标准差，评价结果如表 8.2 所示。

表 8.2　　　　沈阳市现代服务业发展规划委员会针对现代
服务业发展影响因素的评价结果

构成要素	平均值	标准差
城市化水平（C_1）	3.46	1.29
人均可支配收入（C_2）	4.35	1.24
人均国内生产总值（C_3）	3.13	1.98
经济发展水平（C_4）	3.22	2.56
信息化水平（C_5）	4.48	0.88
市场化水平（C_6）	4.36	0.23
工业化水平（C_7）	4.52	0.17
人力资本投入（C_8）	4.15	1.42
政府相关政策支持（C_9）	4.44	0.15
对外开放水平（C_{10}）	3.89	2.05

　　将本次调查统计结果的平均值和标准差向沈阳市现代服务业发展战略规划委员的专家们展示，专家们针对每个影响因素得分出现的偏差进行讨论和分析。最终，经过沈阳市现代服务业发展战略规划委员会的讨论认为：若专家们对基于云端互动的沈阳市现代服务业发展影响因素重要程度评价值的平均值≥3.4，则相应的影响因素被选出，即信息化水平（D_1）、政府相关政策支持（D_2）、工业化水平（D_3）、市场化水平（D_4）、人均可支配收入（D_5）、人力资本投入（D_6）、对外开放水平（D_7）、城市化水平（D_8）。

8.2.2　基于云端互动的沈阳市现代服务业发展的关键影响因素的识别

为了识别基于云端互动的沈阳市现代服务业发展的关键影响因素，首先，由沈阳市现代服务业发展规划委员会的 7 位专家（F_1，F_2，F_3，F_4，F_5，F_6，F_7）分别依据语言评价短语集合 $Z = \{Z_0 = \text{NO}（无关联），Z_1 = \text{VL}（非常低），Z_2 = \text{L}（低），Z_3 = \text{H}（高），Z_4 = \text{VH}（非常高）\}$ 针对上述筛选出的基于云端互动的现代服务业发展影响因素之间的关联关系进行评价，这里将沈阳市现代服务业发展规划委员会的 7 位专家给出的评价信息转化为直接关联评价矩阵。

$$P_1 = \begin{bmatrix} — & H & H & VH & NO & H & L & VH \\ VH & — & H & VH & H & H & VH & H \\ H & L & — & H & NO & L & L & H \\ H & L & H & — & L & VL & H & VH \\ VL & L & VL & H & — & VL & L & VH \\ L & L & VL & VL & VH & — & VH & H \\ L & L & L & VH & L & L & — & H \\ VH & VL & H & VH & VH & H & H & — \end{bmatrix}$$

$$P_2 = \begin{bmatrix} — & H & H & VH & L & H & H & VH \\ VH & — & VH & VH & H & VH & VH & H \\ H & L & — & L & NO & L & VL & H \\ H & L & H & — & L & NO & H & VH \\ NO & L & VL & H & — & NO & VL & H \\ L & L & L & NO & VH & — & H & VH \\ VL & VL & L & VH & VL & L & — & L \\ VH & L & H & VH & H & H & H & — \end{bmatrix}$$

$$
P_3 = \begin{bmatrix}
- & H & H & VH & L & H & H & H \\
VH & - & VH & VH & H & H & VH & H \\
H & L & - & L & VL & L & H & H \\
H & H & L & - & H & L & VH & VH \\
VL & L & L & L & - & NO & VL & VH \\
L & L & VL & VL & VH & - & L & H \\
L & VL & L & VH & VL & VL & - & H \\
VH & VL & H & VH & H & H & VL & -
\end{bmatrix}
$$

$$
P_4 = \begin{bmatrix}
- & VH & H & VH & L & H & L & VH \\
H & - & VH & VH & VH & VL & VH & H \\
L & L & - & L & H & H & VL & VH \\
H & L & H & - & H & L & H & H \\
VL & VL & VL & L & - & L & L & H \\
L & VL & L & VH & H & - & H & VH \\
VL & VL & L & VH & VL & L & - & L \\
H & VL & H & H & VH & H & H & -
\end{bmatrix}
$$

$$
P_5 = \begin{bmatrix}
- & H & H & VH & L & H & L & VH \\
VH & - & H & VH & L & H & H & H \\
H & L & - & H & VL & VL & VL & H \\
H & L & H & - & L & L & VH & VH \\
VL & VL & NO & VL & - & NO & VL & VH \\
VL & L & L & L & H & - & H & H \\
VL & VL & L & H & VL & L & - & H \\
VH & VL & H & VH & VH & H & H & -
\end{bmatrix}
$$

$$P_6 = \begin{bmatrix} - & H & L & H & L & H & L & H \\ VH & - & H & H & H & VH & VH & H \\ H & L & - & H & L & VL & L & H \\ H & L & H & - & L & L & H & H \\ VL & L & VL & L & - & VL & L & H \\ L & L & L & VH & VL & - & H & H \\ L & VL & L & H & L & L & - & L \\ H & L & H & VH & H & H & H & - \end{bmatrix}$$

$$P_7 = \begin{bmatrix} - & VH & L & VH & H & H & L & VH \\ VH & - & H & H & VH & VL & VH & H \\ H & VL & - & VL & VL & VL & VL & VL \\ H & L & H & - & L & L & H & VH \\ VL & L & VL & L & - & VL & L & VH \\ L & L & L & L & VH & - & VH & VH \\ VL & VL & L & VH & VL & L & - & L \\ VH & VL & L & H & VH & H & H & - \end{bmatrix}$$

这里需要指出的是，基于云端互动的现代服务业发展的影响因素之间并非完全独立而是存在着关联效应，这里所考虑的影响因素的关联效应包括三种类型[217]：第一，互补效应，即两个影响因素呈现相辅相成的状态。例如，政府相关政策支持可以直接影响城市或地区的信息化水平，信息化水平的发展也可以促进政府管理水平提升和相关政策的制定。第二，冗余效应，即两个影响因素呈现重复交叠的状态。例如，对外开放水平与市场化水平之间可能存在交叠。第三，零效应，即两个影响因素呈现独立状态。例如，人均可支配收入与工业化水平之间在某一时期内可能呈现出相互独立的状态。

然后，通过二元语义转换函数 $\theta^{[195,196]}$，依据公式（5.13）和公式（5.14）分别将沈阳市现代服务业发展规划委员会的 7 位专家给出的语言短语形式的影响因素的直接影响矩阵 P_1，P_2，$\cdots$，P_7 转换为二元语义形式的矩阵 $\tilde{P}_1$，$\tilde{P}_2$，$\cdots$，$\tilde{P}_7$。

$$\tilde{P}_1 = \begin{bmatrix}
— & (H, 0) & (H, 0) & (VH, 0) & (NO, 0) & (H, 0) & (L, 0) & (VH, 0) \\
(VH, 0) & — & (H, 0) & (VH, 0) & (H, 0) & (H, 0) & (VH, 0) & (H, 0) \\
(H, 0) & (L, 0) & — & (H, 0) & (NO, 0) & (L, 0) & (L, 0) & (H, 0) \\
(H, 0) & (L, 0) & (H, 0) & — & (L, 0) & (VL, 0) & (H, 0) & (VH, 0) \\
(VL, 0) & (L, 0) & (VL, 0) & (H, 0) & — & (VL, 0) & (L, 0) & (VH, 0) \\
(L, 0) & (L, 0) & (VL, 0) & (VL, 0) & (VH, 0) & — & (VH, 0) & (H, 0) \\
(L, 0) & (L, 0) & (L, 0) & (VH, 0) & (L, 0) & (L, 0) & — & (H, 0) \\
(VH, 0) & (VL, 0) & (H, 0) & (VH, 0) & (VH, 0) & (H, 0) & (H, 0) & —
\end{bmatrix}$$

$$\tilde{P}_2 = \begin{bmatrix}
— & (H, 0) & (H, 0) & (VH, 0) & (L, 0) & (H, 0) & (H, 0) & (VH, 0) \\
(VH, 0) & — & (VH, 0) & (VH, 0) & (H, 0) & (VH, 0) & (VH, 0) & (H, 0) \\
(H, 0) & (L, 0) & — & (L, 0) & (NO, 0) & (L, 0) & (VL, 0) & (H, 0) \\
(H, 0) & (L, 0) & (H, 0) & — & (L, 0) & (NO, 0) & (H, 0) & (VH, 0) \\
(NO, 0) & (L, 0) & (VL, 0) & (H, 0) & — & (NO, 0) & (VL, 0) & (H, 0) \\
(L, 0) & (L, 0) & (L, 0) & (NO, 0) & (VH, 0) & — & (H, 0) & (VH, 0) \\
(VL, 0) & (VL, 0) & (L, 0) & (VH, 0) & (VL, 0) & (L, 0) & — & (L, 0) \\
(VH, 0) & (L, 0) & (H, 0) & (VH, 0) & (H, 0) & (H, 0) & (H, 0) & —
\end{bmatrix}$$

$$\tilde{P}_3 = \begin{bmatrix}
— & (H, 0) & (H, 0) & (VH, 0) & (L, 0) & (H, 0) & (H, 0) & (H, 0) \\
(VH, 0) & — & (VH, 0) & (VH, 0) & (H, 0) & (H, 0) & (VH, 0) & (H, 0) \\
(H, 0) & (L, 0) & — & (L, 0) & (VL, 0) & (L, 0) & (H, 0) & (H, 0) \\
(H, 0) & (H, 0) & (L, 0) & — & (H, 0) & (L, 0) & (VH, 0) & (VH, 0) \\
(VL, 0) & (L, 0) & (L, 0) & (L, 0) & — & (NO, 0) & (VL, 0) & (VH, 0) \\
(L, 0) & (L, 0) & (VL, 0) & (VL, 0) & (VH, 0) & — & (L, 0) & (H, 0) \\
(L, 0) & (VL, 0) & (L, 0) & (VH, 0) & (VL, 0) & (VL, 0) & — & (H, 0) \\
(VH, 0) & (VL, 0) & (H, 0) & (VH, 0) & (H, 0) & (H, 0) & (VL, 0) & —
\end{bmatrix}$$

$$\tilde{P}_4 = \begin{bmatrix}
— & (VH,0) & (H,0) & (VH,0) & (L,0) & (H,0) & (L,0) & (VH,0) \\
(H,0) & — & (VH,0) & (VH,0) & (VH,0) & (VL,0) & (VH,0) & (H,0) \\
(L,0) & (L,0) & — & (L,0) & (H,0) & (H,0) & (VL,0) & (VH,0) \\
(H,0) & (L,0) & (H,0) & — & (H,0) & (L,0) & (H,0) & (H,0) \\
(VL,0) & (VL,0) & (VL,0) & (L,0) & — & (L,0) & (L,0) & (H,0) \\
(L,0) & (VL,0) & (L,0) & (VH,0) & (H,0) & — & (H,0) & (VH,0) \\
(VL,0) & (VL,0) & (L,0) & (VH,0) & (VL,0) & (L,0) & — & (L,0) \\
(H,0) & (VL,0) & (H,0) & (H,0) & (VH,0) & (H,0) & (H,0) & —
\end{bmatrix}$$

$$\tilde{P}_5 = \begin{bmatrix}
— & (H,0) & (H,0) & (VH,0) & (L,0) & (H,0) & (L,0) & (VH,0) \\
(VH,0) & — & (H,0) & (VH,0) & (L,0) & (H,0) & (H,0) & (H,0) \\
(H,0) & (L,0) & — & (H,0) & (VL,0) & (VL,0) & (VL,0) & (H,0) \\
(H,0) & (L,0) & (H,0) & — & (L,0) & (VH,0) & (VH,0) & \\
(VL,0) & (VL,0) & (NO,0) & (VL,0) & — & (NO,0) & (VL,0) & (VH,0) \\
(VL,0) & (L,0) & (L,0) & (L,0) & (H,0) & — & (H,0) & (H,0) \\
(VL,0) & (VL,0) & (L,0) & (H,0) & (VL,0) & (L,0) & — & (H,0) \\
(VH,0) & (VL,0) & (H,0) & (VH,0) & (VH,0) & (H,0) & (H,0) & —
\end{bmatrix}$$

$$\tilde{P}_6 = \begin{bmatrix}
— & (H,0) & (L,0) & (H,0) & (L,0) & (H,0) & (L,0) & (H,0) \\
(VH,0) & — & (H,0) & (H,0) & (H,0) & (VH,0) & (VH,0) & (H,0) \\
(H,0) & (L,0) & — & (H,0) & (L,0) & (VL,0) & (L,0) & (H,0) \\
(H,0) & (L,0) & (H,0) & — & (L,0) & (L,0) & (H,0) & (H,0) \\
(VL,0) & (L,0) & (VL,0) & (L,0) & — & (VL,0) & (L,0) & (H,0) \\
(L,0) & (L,0) & (L,0) & (VH,0) & (VL,0) & — & (H,0) & (H,0) \\
(L,0) & (VL,0) & (L,0) & (H,0) & (L,0) & (L,0) & — & (L,0) \\
(H,0) & (L,0) & (H,0) & (VH,0) & (H,0) & (H,0) & (H,0) & —
\end{bmatrix}$$

$$
\tilde{P}_7 = \begin{bmatrix}
— & (VH,0) & (L,0) & (VH,0) & (H,0) & (H,0) & (L,0) & (VH,0) \\
(VH,0) & — & (H,0) & (H,0) & (VH,0) & (VL,0) & (VH,0) & (H,0) \\
(H,0) & (VL,0) & — & (VL,0) & (VL,0) & (VL,0) & (VL,0) & (VL,0) \\
(H,0) & (L,0) & (H,0) & — & (L,0) & (L,0) & (H,0) & (VH,0) \\
(VL,0) & (L,0) & (VL,0) & (L,0) & — & (VL,0) & (L,0) & (VH,0) \\
(L,0) & (L,0) & (L,0) & (L,0) & (VH,0) & — & (VH,0) & (VH,0) \\
(VL,0) & (VL,0) & (L,0) & (VH,0) & (VL,0) & (L,0) & — & (L,0) \\
(VH,0) & (VL,0) & (L,0) & (H,0) & (VH,0) & (H,0) & (H,0) & —
\end{bmatrix}
$$

其次，运用二元语义算术平均算子[195,196]，依据公式（5.15）将影响因素的直接影响矩阵 $\tilde{P}_1$，$\tilde{P}_2$，$\cdots$，$\tilde{P}_7$ 集结为群体影响因素直接影响矩阵 $\tilde{P}$。

$$
\tilde{P} = \begin{bmatrix}
(NO,0) & (H,0.29) & (H,-0.29) & (VH,-0.14) & (L,-0.14) & (H,0) & (L,0.29) & (VH,-0.29) \\
(VH,-0.14) & (NO,0) & (H,0.43) & (VH,-0.29) & (H,0.14) & (H,-0.29) & (VH,-0.14) & (H,0) \\
(H,-0.14) & (L,-0.14) & (NO,0) & (L,0.29) & (VL,0.14) & (L,-0.29) & (L,-0.43) & (H,-0.14) \\
(H,0) & (L,0.14) & (H,-0.14) & (NO,0) & (L,0.29) & (L,-0.43) & (H,0.29) & (VH,-0.29) \\
(VL,-0.14) & (L,-0.29) & (VL,0) & (L,0.14) & (NO,0) & (VL,-0.29) & (L,-0.43) & (VH,-0.43) \\
(L,-0.14) & (L,-0.14) & (L,-0.29) & (L,0) & (H,0.29) & (NO,0) & (H,0.14) & (H,0.43) \\
(VL,0.43) & (VL,0.14) & (L,0) & (VH,-0.29) & (VL,0.29) & (L,-0.14) & (NO,0) & (L,0.43) \\
(VH,-0.29) & (VL,0.29) & (H,-0.14) & (VH,-0.29) & (VH,-0.43) & (H,0) & (H,-0.29) & (NO,0)
\end{bmatrix}
$$

接下来，借鉴 DEMATEL 方法[148~150]，对直接关联群体评价矩阵 $\tilde{P}$ 进行规范化处理，得到规范化直接关联群体评价矩阵 X。

$$
X = \begin{bmatrix}
0.000 & 0.139 & 0.114 & 0.163 & 0.078 & 0.127 & 0.096 & 0.157 \\
0.163 & 0.000 & 0.145 & 0.157 & 0.133 & 0.114 & 0.163 & 0.127 \\
0.120 & 0.078 & 0.000 & 0.096 & 0.048 & 0.072 & 0.066 & 0.120 \\
0.127 & 0.090 & 0.120 & 0.000 & 0.096 & 0.066 & 0.139 & 0.157 \\
0.036 & 0.072 & 0.042 & 0.090 & 0.000 & 0.030 & 0.066 & 0.151 \\
0.078 & 0.078 & 0.072 & 0.084 & 0.139 & 0.000 & 0.133 & 0.145 \\
0.060 & 0.048 & 0.084 & 0.157 & 0.054 & 0.078 & 0.000 & 0.102 \\
0.157 & 0.054 & 0.120 & 0.157 & 0.151 & 0.127 & 0.114 & 0.000
\end{bmatrix}
$$

然后，依据公式（5.7）构建基于云端互动的现代服务业发展的影响因素间接关联群体评价矩阵 Y。

$$Y = \begin{bmatrix} 0.338 & 0.238 & 0.306 & 0.377 & 0.310 & 0.268 & 0.338 & 0.396 \\ 0.345 & 0.280 & 0.329 & 0.418 & 0.326 & 0.295 & 0.355 & 0.443 \\ 0.230 & 0.178 & 0.228 & 0.279 & 0.224 & 0.199 & 0.243 & 0.286 \\ 0.287 & 0.220 & 0.271 & 0.360 & 0.271 & 0.249 & 0.291 & 0.353 \\ 0.199 & 0.141 & 0.185 & 0.227 & 0.186 & 0.165 & 0.197 & 0.224 \\ 0.263 & 0.198 & 0.249 & 0.318 & 0.240 & 0.226 & 0.263 & 0.320 \\ 0.225 & 0.170 & 0.208 & 0.250 & 0.210 & 0.183 & 0.234 & 0.273 \\ 0.299 & 0.246 & 0.289 & 0.363 & 0.282 & 0.254 & 0.317 & 0.404 \end{bmatrix}$$

进一步地，依据公式（5.8）集结规范化后的直接关联群体评价矩阵 X 和间接关联群体评价矩阵 Y，构建基于云端互动的现代服务业发展的影响因素综合关联评价矩阵 T。

$$T = \begin{bmatrix} 0.338 & 0.377 & 0.421 & 0.540 & 0.388 & 0.394 & 0.434 & 0.553 \\ 0.507 & 0.280 & 0.474 & 0.575 & 0.458 & 0.410 & 0.518 & 0.570 \\ 0.350 & 0.256 & 0.228 & 0.375 & 0.272 & 0.271 & 0.309 & 0.406 \\ 0.413 & 0.310 & 0.392 & 0.360 & 0.367 & 0.315 & 0.429 & 0.509 \\ 0.235 & 0.213 & 0.227 & 0.317 & 0.186 & 0.195 & 0.264 & 0.375 \\ 0.341 & 0.276 & 0.321 & 0.402 & 0.379 & 0.226 & 0.396 & 0.465 \\ 0.285 & 0.219 & 0.293 & 0.407 & 0.264 & 0.261 & 0.234 & 0.375 \\ 0.455 & 0.300 & 0.409 & 0.519 & 0.433 & 0.380 & 0.432 & 0.404 \end{bmatrix}$$

接下来，依据公式（5.9）集结矩阵 T 中的行元素和列元素，可得到基于云端互动的现代服务业发展的影响因素的中心度，如表8.3所示。

表8.3　　基于云端互动的沈阳市现代服务业发展影响因素的中心度

项目	D_1	D_2	D_3	D_4	D_5	D_6	D_7	D_8
中心度	6.37	6.02	5.23	6.59	4.76	5.26	5.35	6.99

为了提取基于云端互动的沈阳市现代服务业发展的关键影响因素，根据沈阳市现代服务业发展规划委员会事先确定的影响因素最大中心度百分比 $\psi = 0.75$，依据公式（5.17）计算出中心度提取阈值 $\xi = 5.24$，当满足 $\alpha_k \geqslant 5.24$ 时，相应的基于云端互动的沈阳市现代服务业发展的影响因素将被提取出来，最终识别出的基于云端互动的沈阳市现代服务业发展的关键影响因素为：信息化水平（H_1）、政府相关政策支持（H_2）、市场化水平（H_3）、人力资本投入（H_4）、对外开放水平（H_5）、城市化水平（H_6）。

8.3　基于云端互动的沈阳市现代服务业发展的关键影响因素的修正与补充

本节围绕基于云端互动的沈阳市现代服务业发展路径选择问题中的关键影响因素的修正与补充问题进行研究，主要包括关键影响因素的修正原则和修正策略与关键影响因素的补充原则和补充策略。

具体地，本书采用非概率"主观抽样"的方法，选定 30 位来自高校、科研机构、管理咨询公司、政府机关从事战略管理和现代服务业发展方面研究的专家组成专家委员会，通过背对背电子函询的方式进行专家意见征询。

首先，向专家委员会的每位专家发放一份基于云端互动的现代服务业发展的关键影响因素列表；然后，向专家们介绍沈阳市经济发展的基本情况，以及本次调查活动的目的、意义、成果价值、基于云端互动的现代服务业发展路径选择的含义和基于云端互动的现代服务业发展的关键影响因素的含义；接下来，接受专家委员会的专家们针对调查问卷的一般询问，针对调查问卷中专家不清楚的信息和内容进行解释（和探讨），将合理的调整意见吸纳到调查问卷中；进一步地，由专家委员会的各位专家对已达成一致意见的调查问卷进行填写，根据调查问卷中基于云端互动的现代服务业发展的关键影响因素的重要程度，从语言评价短语集合 $L = \{L_0 = \text{VB}$（非常不重要），$L_1 = \text{B}$（不重要），$L_2 = \text{L}$（一般），$L_3 = \text{G}$（重要），$L_4 = \text{VG}$（非常重要）$\}$ 中选

择相应的语言短语 L_b 对下述关键影响因素，即信息化水平（H_1）、政府相关政策支持（H_2）、市场化水平（H_3）、人力资本投入（H_4）、对外开放水平（H_5）、城市化水平（H_6）的重要性逐一进行评价（调查问卷见附录B1）；最后，回收调查问卷，运用公式（6.1）和公式（6.2）对回收的调查问卷进行分析，计算关键影响因素 H_f 的重要程度评价值的平均值和标准差，并向专家委员会展示统计结果，对调查问卷展开分析，汇总调查结果。

第一轮意见征询结束后，问卷的回收率为92%，通过综合专家委员会中每位专家的评分结果并计算各关键影响因素的加权算术平均值，筛选出了5个基于云端互动的沈阳市现代服务业发展的关键影响因素，即信息化水平、政府相关政策支持、市场化水平、人力资本投入、对外开放水平，其中关于"市场化水平"的评价以及其含义的争议和分歧较大。

在第二轮意见征询中，邀请专家委员会的专家们针对第一轮意见中产生的较大分歧的意见进行再次探讨和评价，即将分歧点关于"市场化水平"的含义进行解读和探讨后，邀请专家们针对分歧点进行评价（调查问卷见附录B2），问卷的回收率为88%。

在第三轮意见征询中，针对第二轮意见征询的结果，将"市场化水平"修正为"要素市场化配置"，并邀请专家委员会的专家们针对前两轮意见征询结果中筛选出的5个基于云端互动的沈阳市现代服务业发展的关键影响因素进行评价，进一步筛选出4个关键影响因素（调查问卷见附录B3）。第三轮问卷回收率为95%，本轮意见征询中专家们的观点趋于一致，则最终确定针对沈阳市的基于云端互动的现代服务业发展的关键影响因素，将统计结果向专家委员会展示，如表8.4所示。

表8.4   基于专家评价的沈阳市现代服务业发展的关键影响因素的修正结果

关键影响因素	关键影响因素的描述
信息化水平	沈阳市信息技术、信息资源的覆盖率及信息技术对经济发展的贡献率
政府相关政策支持	沈阳市为实现基于云端互动的现代服务业发展时，采取重点倾斜和优先扶持的措施

续表

关键影响因素	关键影响因素的描述
人力资本投入	沈阳市为实现经济可持续发展，在教育和技术培训等方面进行的投资
要素市场化配置	沈阳市生产要素不断优化的程度及资源合理配置的水平，即要素合理分配利用的水平

现在将三轮意见征询中得到的专家委员会主要建议汇总如下：

（1）针对沈阳市经济发展的现状，15 位专家分别指出关键影响因素"对外开放水平"可以包含于"政府相关政策支持"中，故建议剔除。

（2）针对沈阳市经济发展的现状，12 位专家分别指出关键影响因素"城市化水平"可以包含于"政府相关政策支持"中，故建议剔除。

（3）"市场化水平"通常用产品市场的发育程度、要素市场的发展情况等来衡量，关于"市场化水平"的解读，专家们产生了分歧，总体来说有两种理解，一种是指发展意义上的市场化，即市场机制在一个经济资源配置中发挥作用持续增加的经济体制演变过程，另一种是指改革意义上的市场化，即改革中资源由计划配置向市场配置的经济体制转变过程。本研究强调的是要素市场化，也就是要素市场化配置，即要素的合理资源分配，旨在提升资源配置的效率，促进供需精准对接，故建议将"市场化水平"修改为"要素市场化配置"。

（4）针对沈阳市经济发展的现状，8 位专家分别指出关键影响因素"人力资本投入"可以包含于"政府相关政策支持"中，故建议剔除。

这里需要指出的是，关于调查问卷的信度问题，是通过采用 SPSS 26.0 进行统计分析，通过 Cronbach's α 系数检验专家调查问卷的信度，三轮调查问卷的信度系数分别为 0.83、0.86、0.94，依据常用的信度统计标准，表明调查问卷的信度良好。关于专家的积极系数，通常是以回收率作为参考标准，专家的积极系数为可视为三轮意见征询回收率的算术平均数，即 91.6%。关于专家的权威系数，是以专家对该领域的了解程度、专家自身的学术造诣和专家的判断依据为依据进行综合评价和判断，本次调查中，专家的权威系数为上述三项因素的算术平均数，即 0.89，可见专家们的意见是建立在实践经验和理论分析基础之上的。关于专家意见的协调系数，三轮专家咨询的协调系数分别为0.306、0.75和0.826，说明三轮意见征询中，专家意见的协调性逐渐趋于一致，第三轮意见征询的协调性良好。

为了进一步对基于云端互动的沈阳市现代服务业发展的关键影响因素进行补充，由专家委员会的7位专家采用头脑风暴法，对修正后的基于云端互动的沈阳市现代服务业发展的关键影响因素进行线上探讨。

针对沈阳市经济发展的现状，18位专家分别指出应增加"产学研用一体化"为基于云端互动的沈阳市现代服务业发展的关键影响因素。

产学研用一体化指的是以协同创新为动力，以成果转化及市场应用为目标，以产学研任何一方为先导，促成生产企业、高等院校和科研院所有机结合，将产学研用四位一体作为一个系统统一谋划、整体推进，通过市场应用赢得应有的效益回报的过程。换句话说，这是指现代服务企业借助产学研用一体化的成果去生产适应市场的产品，并将从中获得的部分利润支持研究部门和高等院校进行科研开发与教育实践，再度开发出含金量更高、竞争力更强的产品。科研院所和高等院校从中获得应有的协作回报与检验理论、锻炼师生、稳定队伍的多重效益。显然，协同创新，是指创新资源和要素有效汇集，通过突破创新主体间的壁垒，充分释放彼此间人才、资本、信息、技术等创新要素活力而实现深度合作。科学积极地实施产学研用一体化可望带来产、学、研三方共赢，产生显著的经济效益与社会效益，是沈阳市基于云端互动发展现代服务业的关键。

进一步地，采纳和吸取专家们的建议，确定基于云端互动的沈阳市现代服务业发展的关键影响因素如表8.5所示。

表8.5　补充后的基于云端互动的沈阳市现代服务业发展的关键影响因素

关键影响因素	关键影响因素的描述
信息化水平（E_1）	沈阳市信息技术、信息资源的覆盖率及信息技术对经济发展的贡献率
政府相关政策支持（E_2）	沈阳市为实现基于云端互动的现代服务业发展时，采取重点倾斜和优先扶持的措施

关键影响因素	关键影响因素的描述
要素市场化配置水平（E_3）	沈阳市生产要素不断优化的程度及资源合理配置的水平，即要素合理分配利用的水平
产学研用一体化程度（E_4）	沈阳市现代服务企业、高等院校与科研机构将优势结合起来共谋发展实现优势互补，促进协同创新的程度

8.4 基于 NK 模型的沈阳市现代服务业发展路径的生成与优选

本节围绕基于云端互动的沈阳市现代服务业发展路径选择问题中的发展路径的生成与优选问题进行研究，主要包括关键影响因素的关联性分析、适应度景观图的绘制以及基于云端互动的现代服务业发展路径的优选。

由前文可知信息化水平（E_1）、政府相关政策支持（E_2）、要素市场化配置水平（E_3）和产学研用一体化程度（E_4）为基于云端互动的关键影响因素，由此可知参数 $N=4$。下面给出参数 K 的具体计算过程。

首先，由沈阳市现代服务业发展规划委员会的 7 位专家（F_1，F_2，F_3，F_4，F_5，F_6，F_7）分别依据语言评价短语集合 $Z = \{Z_0 = \text{NO}（无关联），Z_1 = \text{VL}（非常低），Z_2 = \text{L}（低），Z_3 = \text{H}（高），Z_4 = \text{VH}（非常高）\}$，分析前文补充的关键影响因素"产学研用一体化程度"与筛选出的基于云端互动的现代服务业发展关键影响因素之间的关联关系，给出关键影响因素"产学研用一体化程度"的直接关联评价行向量和直接关联评价列向量为

$$P_{14}^+ = \begin{bmatrix} \text{H} & \text{L} & \text{H} & \text{—} \end{bmatrix}$$

$$P_{24}^+ = \begin{bmatrix} \text{VH} & \text{H} & \text{H} & \text{—} \end{bmatrix}$$

$$P_{34}^+ = \begin{bmatrix} \text{VH} & \text{H} & \text{VH} & \text{—} \end{bmatrix}$$

$$P_{44}^+ = \begin{bmatrix} \text{H} & \text{H} & \text{VH} & \text{—} \end{bmatrix}$$

$$P_{54}^{+} = \begin{bmatrix} VH & H & VH & — \end{bmatrix}$$

$$P_{64}^{+} = \begin{bmatrix} H & L & H & — \end{bmatrix}$$

$$P_{74}^{+} = \begin{bmatrix} VH & H & H & — \end{bmatrix}$$

$$P_{14}^{-} = \begin{bmatrix} L \\ VH \\ H \\ — \end{bmatrix}$$

$$P_{24}^{-} = \begin{bmatrix} H \\ VH \\ VH \\ — \end{bmatrix}$$

$$P_{34}^{-} = \begin{bmatrix} H \\ H \\ VH \\ — \end{bmatrix}$$

$$P_{44}^{-} = \begin{bmatrix} L \\ H \\ H \\ — \end{bmatrix}$$

$$P_{54}^{-} = \begin{bmatrix} L \\ VH \\ H \\ — \end{bmatrix}$$

$$P_{64}^{-} = \begin{bmatrix} L \\ H \\ H \\ — \end{bmatrix}$$

$$P_{74}^{-} = \begin{bmatrix} H \\ H \\ VH \\ - \end{bmatrix}$$

然后，依据公式（5.13）和公式（5.14）分别将 7 位专家给出的语言短语形式的关键影响因素"产学研用一体化程度"的直接关联评价行向量和直接关联评价列向量分别转换为二元语义形式。

$$\tilde{P}_{14}^{+} = \begin{bmatrix} (H, 0) & (L, 0) & (H, 0) & - \end{bmatrix}$$

$$\tilde{P}_{24}^{+} = \begin{bmatrix} (VH, 0) & (H, 0) & (H, 0) & - \end{bmatrix}$$

$$\tilde{P}_{34}^{+} = \begin{bmatrix} (VH, 0) & (H, 0) & (VH, 0) & - \end{bmatrix}$$

$$\tilde{P}_{44}^{+} = \begin{bmatrix} (H, 0) & (H, 0) & (VH, 0) & - \end{bmatrix}$$

$$\tilde{P}_{54}^{+} = \begin{bmatrix} (VH, 0) & (H, 0) & (VH, 0) & - \end{bmatrix}$$

$$\tilde{P}_{64}^{+} = \begin{bmatrix} (H, 0) & (L, 0) & (H, 0) & - \end{bmatrix}$$

$$\tilde{P}_{74}^{+} = \begin{bmatrix} (VH, 0) & (H, 0) & (H, 0) & - \end{bmatrix}$$

$$\tilde{P}_{14}^{-} = \begin{bmatrix} (L, 0) \\ (VH, 0) \\ (H, 0) \\ - \end{bmatrix}$$

$$\tilde{P}_{24}^{-} = \begin{bmatrix} (H, 0) \\ (VH, 0) \\ (VH, 0) \\ - \end{bmatrix}$$

$$\tilde{P}_{34}^{-} = \begin{bmatrix} (H, 0) \\ (H, 0) \\ (VH, 0) \\ - \end{bmatrix}$$

$$\tilde{P}_{44}^{-} = \begin{bmatrix} (L, 0) \\ (H, 0) \\ (H, 0) \\ — \end{bmatrix}$$

$$\tilde{P}_{54}^{-} = \begin{bmatrix} (L, 0) \\ (VH, 0) \\ (H, 0) \\ — \end{bmatrix}$$

$$\tilde{P}_{64}^{-} = \begin{bmatrix} (L, 0) \\ (H, 0) \\ (H, 0) \\ — \end{bmatrix}$$

$$\tilde{P}_{74}^{-} = \begin{bmatrix} (H, 0) \\ (H, 0) \\ (VH, 0) \\ — \end{bmatrix}$$

接下来，依据公式（5.15）将二元语义形式的关键影响因素"产学研用一体化程度"的直接关联评价行向量 $\tilde{P}_{14}^{+}$，$\tilde{P}_{24}^{+}$，$\tilde{P}_{34}^{+}$，$\tilde{P}_{44}^{+}$，$\tilde{P}_{54}^{+}$，$\tilde{P}_{64}^{+}$，$\tilde{P}_{74}^{+}$ 和直接关联评价列向量 $\tilde{P}_{14}^{-}$，$\tilde{P}_{24}^{-}$，$\tilde{P}_{34}^{-}$，$\tilde{P}_{44}^{-}$，$\tilde{P}_{54}^{-}$，$\tilde{P}_{64}^{-}$，$\tilde{P}_{74}^{-}$ 分别集结为关键影响因素"产学研用一体化程度"的直接关联群体评价行向量 $\tilde{P}_{4}^{+}$ 和直接关联群体列向量 $\tilde{P}_{4}^{-}$。

$$\tilde{P}_{4}^{+} = \begin{bmatrix} (VH, -0.43) & (H, -0.29) & (H, 0.43) & — \end{bmatrix}$$

$$\tilde{P}_{4}^{-} = \begin{bmatrix} (L, 0.43) \\ (H, 0.43) \\ (H, 0.43) \\ — \end{bmatrix}$$

进一步地，在前面给出的二元语义形式的基于云端互动的现代服务业发展影响因素的直接关联群体评价矩阵 $\bar{P}$ 的基础上，仅保留关键影响因素 "信息化水平" "政府相关政策支持" "要素市场化配置水平" （名称修正前为 "市场化水平"）所在的行和列，得到二元语义形式的基于云端互动的现代服务业发展的部分关键影响因素直接关联群体评价矩阵 $\tilde{\psi}'$。

$$\tilde{\psi}' = \begin{bmatrix} (\text{NO}, 0) & (\text{H}, 0.29) & (\text{VH}, -0.14) \\ (\text{VH}, -0.14) & (\text{NO}, 0) & (\text{VH}, -0.29) \\ (\text{H}, 0) & (\text{L}, 0.14) & (\text{NO}, 0) \end{bmatrix}$$

进而，将关键影响因素 "产学研用一体化程度" 的直接关联群体评价行向量 $\bar{P}_4^+$ 和直接关联群体列向量 $\bar{P}_4^-$ 分别作为第 4 行和第 4 列插入部分关键影响因素直接关联群体评价矩阵 $\tilde{\psi}'$ 后，可得到关键影响因素直接关联群体评价矩阵 $\tilde{\psi}$。

$$\tilde{\psi} = \begin{bmatrix} (\text{NO}, 0) & (\text{H}, 0.29) & (\text{VH}, -0.14) & (\text{L}, 0.43) \\ (\text{VH}, -0.14) & (\text{NO}, 0) & (\text{VH}, -0.29) & (\text{H}, 0.43) \\ (\text{H}, 0) & (\text{L}, 0.14) & (\text{NO}, 0) & (\text{H}, 0.43) \\ (\text{VH}, -0.43) & (\text{H}, -0.29) & (\text{H}, 0.43) & (\text{NO}, 0) \end{bmatrix}$$

接下来，依据公式（5.3）的逆函数 Δ^{-1} 将二元语义形式的基于云端互动的现代服务业发展的关键影响因素直接关联群体评价矩阵 $\tilde{\psi}$ 转化为数值形式的关键影响因素直接关联群体评价矩阵 ψ。

$$\psi = \begin{bmatrix} 0.00 & 3.29 & 3.86 & 2.43 \\ 3.86 & 0.00 & 3.71 & 3.43 \\ 3.00 & 2.14 & 0.00 & 3.43 \\ 3.57 & 2.71 & 3.43 & 0.00 \end{bmatrix}$$

然后，通过集结 ψ 中各元素，可得到关键影响因素间的直接关联评价的均值 $\bar{\varphi} = 2.43$，并将其作为判断影响因素间是否存在关联的阈值，构建关键影响因素邻接矩阵 B。

$$B = \begin{bmatrix} 0 & 1 & 1 & 1 \\ 1 & 0 & 1 & 1 \\ 1 & 0 & 0 & 1 \\ 1 & 1 & 1 & 0 \end{bmatrix}$$

再次，集结矩阵 B 中每行的行元素得到关键影响因素关联度，通过计算各关键影响因素关联度的平均值，即可得到参数 $K = 2.75$。

进一步地，依据公式（7.5）、公式（7.6），利用 Matlab 2022a 得到基于云端互动的沈阳市现代服务业发展的关键影响因素适应度矩阵和关键影响因素等位基因组合适应度，表 8.6 以表格的形式表示关键影响因素适应度矩阵和关键影响因素等位基因组合适应度值，并构建基于云端互动的沈阳市现代服务业发展的适应度景观及攀爬过程示意图（见图 8.2）。在图 8.2 中（a）（b）（c）（d）分别体现了适应度景观图的攀爬过程。

表 8.6　关键影响因素适应度矩阵和关键影响因素等位基因组合适应度值

B_1	B_2	B_3	B_4	g_1^d	g_2^d	g_3^d	g_4^d	g^d
0	0	0	0	0.0796	0.2609	0.5178	0.8137	0.4180
0	0	0	1	0.5135	0.1282	0.2640	0.8137	0.4299
0	0	1	0	0.5660	0.7592	0.5178	0.5378	0.5952[①]
0	0	1	1	0.2936	0.8048	0.2640	0.5378	0.4751
0	1	0	0	0.8686	0.2609	0.5178	0.2888	0.4840
0	1	0	1	0.7362	0.1282	0.2640	0.2888	0.3543
0	1	1	0	0.6634	0.7592	0.5178	0.8718	0.7031[②]
0	1	1	1	0.9620	0.8048	0.2640	0.8718	0.7256[③]
1	0	0	0	0.0796	0.7784	0.4493	0.7340	0.5103
1	0	0	1	0.5135	0.2649	0.9577	0.7340	0.6175
1	0	1	0	0.5660	0.2091	0.4493	0.0626	0.3218
1	0	1	1	0.2936	0.3760	0.9577	0.0626	0.4225
1	1	0	0	0.8686	0.7784	0.4493	0.0166	0.5282
1	1	0	1	0.7362	0.2649	0.9577	0.0166	0.4938
1	1	1	0	0.6634	0.2091	0.4493	0.6679	0.4974
1	1	1	1	0.9620	0.3760	0.9577	0.6679	0.7409[④]

注：表中上角①②③④表示基因组合适应度攀爬的位置顺序。

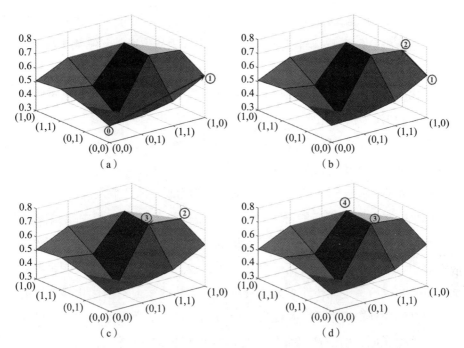

图 8.2　基于云端互动的沈阳市现代服务业发展的适应度景观及攀爬过程

注：①②③④表示基因组合适应度攀爬的位置顺序。

为确保采用 Matlab 2022a 工具通过仿真分析得到的结果的稳定性和可信性，本书对适应度矩阵和局部搜索进行了 10 万次模拟，通过对 10 万次模拟搜寻出的基于云端互动的沈阳市现代服务业的发展路径的统计分析可知，在 10 万个基于云端互动的沈阳市现代服务业的发展路径中，首先需要对关键影响因素 E_2 进行改进和调整的关键影响因素等位基因组合占 45.35%，远超其他关键影响因素，所以沈阳市需要首先对关键影响因素 E_2 进行改进和调整，即"政府相关政策支持"，在适应度景观上表现为从位置 0（平面坐标 0000）向位置①（平面坐标 1000）攀爬的过程，具体见图 8.2（b）。进一步地，在第一步实现关键影响因素 E_3 改进和调整的关键影响因素等位基因组合中；第二步实现关键影响因素 E_2 改进和调整的关键影响因素等位基因组合占比最大，为 42.37%。据此，沈阳市第二步应通过关键影响因素 E_3 的改进和调整来实现基于云端互动的沈阳市现代服务业的发展，即提升"要素市场化配置水平"，在适应度景观及攀爬过程示意图上表现为从位置①（平面坐标1000）向位置②（平面坐标1100）攀爬的过程，具体见图8.2（c）。依此类推，可以确定沈阳市应按照发挥"政府相关政策支持"作用、提升"要素市场化配置水平"、加强"信息化水平"和提高"产学研用一体化程度"的顺序对沈阳市基于云端互动的现代服务业发展的关键影响因素依次改进和调整，即基于云端互动的沈阳市现代服务业发展的路径为 $E_2 \rightarrow E_3 \rightarrow E_1 \rightarrow E_4$。

结果表明，关于未来基于云端互动的沈阳市现代服务业发展路径，首先，应考虑进一步发挥政府职能部门的协同作用，给予"政府相关政策支持"，即从政策上支持数字基础设施建设，从政策上加大人力资本投入，从政策上向物流业、金融保险业、通信信息技术服务业、管理咨询业、会展业等高层次专业人才倾斜，进一步缩小人才资源缺口，从政策上不断优化对外贸易结构、提高利用外资的水平，并促进区域协调发展，从政策上引导构建健康的数字经济生态圈，引进或培育数据合规性审查机构，评估数据质量，设计、定制数据产品，以满足现代服务企业的发展需求，还可构建适配数据交易市场发展的金融财税政策体系，共同推进数字产业发展；其次，考虑提升"要素市场化配置水平"，进一步提高资源配置效率，特别是数据要素市场化配置水平仍亟待提升，搭建供需对接平台，建立跨区域、跨部门、跨层级的协调机制和统一规范的数据流通规则，推动政企数据供需对接、有序流通、深度融合、创新应用，基于"云端互动"探索公共数据要素生产、流通、应用、收益分配机制；再其次，"信息化水平"的进一步提升，进一步促进数据要素的流通，让数据真正在云端"跑起来"，助推"数字沈阳"的健康发展；最后，当上述关键要素的改进和调整基本完成，沈阳市应进一步加强"产学研用一体化"，将科研、教育和生产部门在功能与资源优势上协同创新，从"产学研用"向"政产学研用"协同发展的转变。

8.5　有关计算结果的相关分析

本节针对基于云端互动的沈阳市现代服务业发展路径选择问题的最终计算结果进行相关分析。具体地，依据前文得出的计算结果，将沈阳市未来的基于云端互动的现代服务业发展路径总结如下：

基于云端互动的沈阳市现代服务业的发展应立足于建立政府、金融机构、平台企业和传统企业的联动机制，即构建多层联动的产业互联网平台，打造沈阳市基于云端互动的传统产业服务化创新，基于云端互动的沈阳市现代服务业的发展应努力实现以下几个步骤：

（1）"二对接"（即：①金融机构、平台企业与传统企业全渠道供需精准对接；②金融机构、平台企业与传统企业跨行业产业化合作对接）。

沈阳市应充分发挥政府部门协调功能，提高现代服务业的要素配置市场化程度，构建数字化产业链打通产业链上下游数据通道，促进全渠道、全链路供需调配和精准对接，以数据供应链引领物资链，促进产业链高效协同，有力支撑产业基础高级化和产业链现代化。

政府职能部门应牢牢抓住金融服务实体经济，充分用好金融政策，激发金融活力，积极搭建对接平台通过精准对接、政策引导、市场运作，推动金融服务业蓬勃发展，通过高频次、全方位、一体化的金融服务带动跨行业联动和资源整合，促进基于云端互动的现代服务业发展。

（2）"三融合"（即：①基于云端互动的现代服务业线上线下融合发展；②基于云端互动的现代服务业与制造业的融合发展；③基于云端互动的现代服务业与新兴产业融合发展）。

首先，沈阳市应积极推动大数据等新技术在沈阳市居民现代生活服务领域的广泛应用，加快居民现代生活服务业线上线下融合创新发展，整合各类公共设施和社会资源，鼓励现代服务企业创新商业模式，进一步加强政策引导，实现现代服务企业多元化发展。

其次，加快基于云端互动的现代服务业与制造业的融合发展，依托制造业，努力做强现代服务业。沈阳市制造业门类齐全，服务业业态众多，产业融合发展是一个双向的过程，既包括制造业向后端延伸的服务化，也包括服务业反向延伸的制造化，从研发设计到生产制造各个环节对接下游企业，逐步实现制造业和现代服务业相互支撑、高效协同，与此同时，通过技术渗透、产业联动、链条延伸、内部重组等途径，打破原有产业边界、促进产业交叉融合、培育新业态新模式，融合是受技术进步、市场开放和制度创新驱动，既包括相互渗透和互动、嵌入彼此产业链价值链体系，从而形成紧密关系，也包括制造业和服务业融为一体，形成新产业、新业态。

最后，要实现基于云端互动的现代服务业与新兴产业融合发展，与传统产业相比，新兴产业具有高技术含量、高附加值、资源集约等特点，现代服务业与新兴产业的"两业融合"可以进一步实现资源、要素、产能、市场的深度整合与共用共享，带动产业链上下游企业分工协作与联动融通，实现对资源要素、技术研发和市场开发的有效整合，采用新技术、新材料、新工艺、新装备、新模式，通过研发设计增强制造业产品的绿色化、智能化、品牌化水平；要立足新发展阶段、贯彻新发展理念、构建新发展格局、推动高质量发展，把握产业融合发展趋势，激发企业融合发展内生动力，为制造强国建设和经济高质量发展提供有力支撑。

（3）"四协同"（即：①协同发展数字化转型关键技术研发应用；②协同打造产业链"互联网＋"升级版；③协同推进供应链要素数据化和数据系统的供应链化；④协同发展共享经济与共享员工等新业态）。

首先，应加快数字化转型共性技术、关键技术研发应用，实现数字业务的多方协同。支持在具备条件的行业领域和现代服务企业范围探索大数据、人工智能、云计算、数字孪生、5G、物联网和区块链等新一代数字技术应用和集成创新，同时加大对共性开发平台、开源社区、共性解决方案、基础软硬件支持力度，鼓励相关代码、标准、平台开源发展。

数字化转型关键技术的研发和应用是基于云端互动的沈阳市现代服务业发展的关键，协同发展数字化转型关键技术主要包括以下几种：第一，从云计算到边缘计算的研发与应用，边缘计算能够提升解决方案的效能，更快速响应的应用程序，更高的稳健性、可靠性以及自主运行能力，对数据的存储和处理更加靠近数据源，从而更符合法规的要求，包括隐私保护和安全性等方面，同时可以降低发送数据至数据中心时所产生的连接、数据迁移及带宽成本。第二，从数字化到数字孪生的蝶变，数字孪生信息涵盖了更多种数据类别的组合。例如，基于物理的模型和数据、分析模型和数据、时间序列数据和历史数据、交易数据、主数据、视觉模型和计算数据等。再如，在消费领域，颠覆性技术改变了面向用户的媒体内容提供方式（如奈飞和优步）；在商业领域，移动支付应用改变了个人与企业间的结算方式；在工业领域，颠覆性技术也即将改变企业的运营、服务及设备维护方式。可以应用于制造业，协助进行预测性维护、优化运营效率以及确定资产维护策略。第三，从"互联网 +"到超链接，超链接通常描述的是一个万物互联的情境，具备可满足特定应用程序所需的各种功能。

其次，随着互联网发展进入新的阶段，智能技术、互联网技术、云计算与传统经济不断融合，在打造数字经济新优势的背景下，信息技术深度融合与数字化转型使得"互联网 +"的内涵和外延进一步升级，基于云端互动可以将共享机制常态化，提升供需对接效率，改善居民生活质量，助力经济发展方式的转型升级，为沈阳市的数字经济发展更上一层楼奠定稳固基础。

再其次，数据供应链是一个复杂的系统，它包括多元数据、多种技术，还有多种应用场景、多种规则体系等。沈阳市应指导供应链引领物资链，促进产业链高效协同，有力支撑产业基础高级化和产业链现代化。沈阳市现代服务企业要加快物联网、大数据、边缘计算、区块链、5G、人工智能、增强现实、虚拟现实等新兴技术在供应链领域的集成应用，应基于云端互动积极打造"研发 + 生产 + 供应链"的数字化产业链，以数据流引领物资流、人才流、技术流、资金流，形成产业链上下游和跨行业融合的数字化生态体系，同时加快数字化转型与业务流程重塑、组织结构优化、商业模式变革有机结合，积极构建"生产服务 + 商业模式 + 金融服务"跨界融合的数字化生态。供应链数字化的发展步伐将进一步加快，将基于云端互动实现端到端的可视化、自动化和智能化。

　　最后，共享经济是信息化社会的未来发展趋势，随着现代服务企业深度"上云"，共享经济的概念和内涵也将不断延展，共享经济的发展可以使各种资源要素潜力得到更大限度的发挥，依托信息技术创新和市场化手段，使资源要素潜力得到发掘。例如，大数据技术分析与云端互动可以实现人力资源在不同现代服务企业间的调度，使原有的"人岗匹配"变为"劳动时间和任务匹配"，供给响应需求的资源配置机制更便捷、更灵活、更高效。建立共享生产平台，推广共享工厂模式，推进厂房、设备、人才等资源整合，既能提升产能利用水平，又能节省生产投入成本。与此同时，要提高政府管理水平，推动制度创新，针对灵活就业、弹性就业、共享员工等，完善与灵活就业相适应的劳动和社会保险政策，使共享经济真正发挥作用。

8.6　本章小结

　　本章进行了基于云端互动的现代服务业发展路径选择的应用研究，具体地，为了说明和验证本书提出方法的实用性、有效性和可行性，以沈阳市为例，给出了沈阳市基于云端互动的现代服务业发展路径选择的实际背景和现存问题分析，明晰了沈阳市进行基于云端互动的现代服务业发展路径选择的现实意义，并依据本书前面章节提出的基于云端互动的现代服务业发展路径选择方法给出了沈阳市的基于云端互动的现代服务业发展路径选择方法及计算过程描述。由此可见，本章的研究工作为进行现实中城市或地区基于云端互动的现代服务业发展路径选择提供了示范性作用。

第 9 章
结论与展望

城市或地区现代服务业发展路径选择方法是一个非常值得关注的重要研究课题。围绕基于云端互动的现代服务业发展路径选择方法研究，本章将分别阐述主要研究成果及结论、主要贡献和研究局限，并给出今后研究工作展望。

9.1 主要研究成果及结论

本书的研究成果主要包括以下六个方面：

（1）基于云端互动的现代服务业发展路径选择的研究框架。针对现实中大量存在的现代服务业发展路径选择问题，并考虑到已有相关研究成果的不足之处或局限性，给出了基于云端互动的现代服务业发展路径选择的相关概念界定和理论方法支撑，进而给出了研究框架，主要包括：基于云端互动的现代服务业发展的影响因素筛选、基于云端互动的现代服务业发展的关键影响因素识别、基于云端互动的现代服务业发展的关键影响的修正与补充、基于云端互动的现代服务业发展路径选择。

（2）基于云端互动的现代服务业发展的影响因素筛选方法。本书第 4 章围绕基于云端互动的现代服务业发展的影响因素筛选问题进行了研究，提出

163

基于云端互动的现代服务业发展路径选择方法研究

了一种基于文献计量分析的现代服务业发展的影响因素筛选方法。提出的方法对现实中城市或地区现代服务业发展的影响因素筛选问题的解决具有借鉴和参考价值。

（3）基于云端互动的现代服务业发展的关键影响因素的识别方法。本书第 5 章围绕基于云端互动的现代服务业发展的关键影响因素识别问题中所涉及的若干关键问题进行了研究，提出了基于 DEMATEL 方法的现代服务业发展的关键影响因素识别方法。提出的方法对现实中城市或地区现代服务业发展的关键影响因素识别问题的解决具有借鉴和参考价值。

（4）基于云端互动的现代服务业发展的关键影响因素的修正与补充方法。本书第 6 章围绕基于云端互动的现代服务业发展的关键影响因素的修正与补充问题进行了研究，提出的基于群体专家评价的关键影响因素的修正与补充方法对现实中城市或地区的关键影响因素的修正与补充问题的解决具有借鉴和参考价值。

（5）基于云端互动的现代服务业发展路径选择方法。本书第 7 章围绕基于云端互动的现代服务业发展路径选择问题进行了研究，提出的基于 NK 模型的现代服务业发展路径选择方法对现实中城市或地区的现代服务业发展路径的生成与优选问题的解决具有借鉴和参考价值。

（6）基于云端互动的沈阳市现代服务业发展路径选择的应用研究。本书第八章围绕沈阳市的现代服务业发展路径选择问题，介绍了沈阳市经济发展的基本概况、其现代服务业发展中现存在的问题分析和基于云端互动发展现代服务业的必要性，在阐明了沈阳市现代服务业发展路径选择的实际背景后，给出了基于云端互动的沈阳市现代服务业发展路径选择问题的描述，在此基础上，依据本书给出的方法确定了基于云端互动的沈阳市现代服务业发展的关键影响因素，在对关键影响因素进行修正和补充后，进而给出了基于 NK 模型的沈阳市现代服务业发展路径的生成与优选，最后给出了计算结果的相关分析。

主要结论如下：

（1）在城市或地区的现代服务业发展路径选择过程中，应该着重关注影

164

响其现代服务业发展的关键因素，即关键影响因素。一些研究表明，不同城市或地区所处的环境不同，经济发展的情况不同，现代服务业发展的所处阶段不同，诸多影响因素在基于云端互动的现代服务业发展过程中的影响作用也不尽相同。同时，考虑到管理者或决策分析者对事物认知能力以及对信息处理能力的有限性，所以在城市或地区现代服务业发展路径选择过程中，对诸多影响因素进行全面、完整的分析和考量是难以实现的，这就需要管理者或决策分析者在对现代服务业发展影响因素的筛选和分析的基础上，聘请多个专家针对某城市或地区的实际情况，对现代服务业发展的影响因素的重要性进行评价与分析，从而识别出那些在基于云端互动的现代服务业发展中的影响较大的因素，将其视为基于云端互动的现代服务业发展的关键影响因素，并且有必要基于关键影响因素进行进一步分析选择适合城市或地区自身发展的基于云端互动的现代服务业发展路径。

（2）在城市或地区的现代服务业发展路径选择过程中，有必要深入研究现代服务业发展路径选择过程中需要解决的一些具体问题，进而形成科学的研究问题体系。针对基于云端互动的现代服务业发展路径选择问题中可能遇到的各类问题，需要进行细致的归纳和提炼。本书将基于云端互动的现代服务业发展路径选择问题归纳为基于云端互动的现代服务业发展的影响因素筛选、基于云端互动的现代服务业发展的关键影响因素的识别、基于云端互动的现代服务业发展的关键影响因素的修正与补充、基于云端互动的现代服务业发展的关键影响因素的关联性分析、基于云端互动的关键影响因素的决策选项集合以及适应度分析、适应度景观图的生成及现代服务业发展路径的优选等一系列问题，并以问题为导向，进一步开展相应的、有针对性的方法研究，这是有效解决具有复杂性的基于云端互动的现代服务业发展路径选择问题的有效途径。

（3）在现实的城市或地区的现代服务业发展路径选择过程中，仅仅依据坚实的理论基础是不够的，还需要一些科学的方法做支撑。本书依据相关理论，分别提出了基于文献计量分析的现代服务业发展的影响因素筛选方法、基于 DEMATEL 方法的现代服务业发展的关键影响因素识别方法、基于群体专家评价的现代服务业发展的关键影响因素的修正与补充方法、基于 NK 模型的现代服务业发展最优路径的生成及优选方法等，是从系统的角度为解决城市或地区基于云端互动的现代服务业发展路径选择问题提供了有力的支撑。因此，进一步深入研究科学的、有效的、可行的现代服务业发展路径选择的理论与方法是必要的。

9.2 主要贡献

针对基于云端互动的现代服务业发展路径选择方法的研究，主要贡献体现在以下三个方面：

（1）提出了基于云端互动的现代服务业发展路径选择问题的研究框架。在相关研究文献综述的基础上，对现实中大量存在的、具有广泛应用背景的城市或地区的现代服务业发展路径选择问题进行了分析和总结，针对现代服务业发展路径选择中所涉及的若干决策分析问题，借鉴已有的决策分析方法的相关研究成果，提出了一种基于云端互动的现代服务业发展路径选择方法的研究框架，在该框架中，包括基于云端互动的现代服务业发展的影响因素筛选、基于云端互动的现代服务业发展的关键影响因素识别、基于云端互动的现代服务业发展的关键影响因素的修正与补充、基于云端互动的现代服务业发展路径选择等具体研究内容。上述研究内容形成了具有科学价值的且较为系统的研究问题体系和理论体系，为现实中的城市或地区的现代服务业发展路径选择问题的研究提供了一般性的理论基础和分析框架，同时，也为其他学者的研究提供了一个科学探讨方向。

（2）提出了基于云端互动的现代服务业发展路径选择方法。针对基于云端互动的现代服务业发展路径选择中可能遇到的若干决策分析问题进行了提炼与描述，并提出了基于云端互动的现代服务业发展路径选择方法。具体地，涉及基于文献计量分析的现代服务业发展的影响因素筛选、基于 DEMATEL 方法的现代服务业发展的关键影响因素识别、基于群体专家评价的现代服务业发展的关键影响因素的修正与补充、基于 NK 模型的现代服务业发展路径选择方法等。本书提出的方法为解决现实中城市或地区现代服务业发展路径选择问题提供了方法与技术层面的借鉴和指导。

（3）运用本书提出的方法给出具有示范性的应用研究。本书以沈阳市现代服务业发展路径选择为实际背景，阐述了沈阳市经济发展的基本概况、其现代服务业发展现存问题分析和基于云端互动的现代服务业发展路径选择的必要性，并给出了基于云端互动的沈阳市现代服务业发展路径选择问题的描述，在此基础上，依据本书给出的方法确定了沈阳市现代服务业发展的关键影响因素，在对关键影响因素进行修正和补充后，进而给出了基于 NK 模型的沈阳市现代服务业发展的路径的生成与优选，最后给出计算结果的相关分析。本书开展的应用研究，为采用本书提出的基于云端互动的现代服务业发展路径选择方法来解决现实中的城市或地区的现代服务业发展路径选择问题，提供一种新的途径，具有一定的示范性。

9.3　研究的局限

本书的研究工作尚存在一些局限性，具体表现在以下方面：

（1）在理论层面，由于基于云端互动的现代服务业发展路径选择的相关理论基础还不够成熟，例如，有关现代服务业以及现代服务业发展的影响因素等概念界定尚未形成统一的观点，所以，关于研究问题的提炼，本书主要研究了基于云端互动的现代服务业发展路径选择问题研究框架，以及侧重考虑了基于该框架下的基于文献计量分析的现代服务业发展影响因素筛选方法、基于 DEMATEL 方法的现代服务业发展的关键影响因素识别、基于群体专家评价的现代服务业发展的关键影响因素的修正与补充，以及基于 NK 模型的现代服务业发展路径选择等关键问题，而未对该框架下可能涉及的其他研究问题进行详细研究，例如：基于云端互动的现代服务业发展影响因素之间的相互关联、相互影响的机制研究等。

（2）在方法层面，本书较为系统性地提出了基于云端互动的现代服务业发展路径选择方法，具体地，包括基于文献计量分析的现代服务业发展的影响因素筛选、基于 DEMATEL 方法的现代服务业发展的关键影响因素识别、基于群体专家评价的现代服务业发展的关键影响因素的修正与补充，以及基于 NK 模型的现代服务业发展路径选择。本书提出的方法需要大量专家评价信息的采集，由于研究条件和研究手段的限制，通过线上的问卷调查获取的数据可能会存在一定的局限性。另外，由于现有的关于基于云端互动的现代服务业发展路径选择问题的研究尚不多见，加之本书作者的研究能力有限以及研究条件和实际环境的限制，仅仅做出了探索性的工作，尚不能从实践层面给出更加全面的分析。

（3）在应用层面，由于本书主要针对基于云端互动的沈阳市的现代服务业发展路径选择问题进行了应用研究，依据本书提出的基于云端互动的现代服务业发展路径选择方法进行了潜在的应用研究，而现实中存在的城市或地区的现代服务业发展路径选择问题还有很多，不同实际背景下的现代服务业发展路径选择问题会有其自身的特点，因此还需要进行深入的研究。

9.4 今后研究工作展望

本书展示了关于基于云端互动的现代服务业发展路径选择方法的研究成果，但仍有许多方面还需要进一步深入、细致地研究，例如：在方法与应用层面还需要进行一些深入的扩展研究。

（1）针对基于云端互动的现代服务业发展路径选择问题，本书仅对基于云端互动的现代服务业发展路径选择的研究框架中所涉及的决策分析问题进行了归纳与提炼，例如，基于文献计量分析的现代服务业发展影响因素筛选、基于 DEMATEL 方法的现代服务业发展的关键影响因素识别、基于群体专家评价的现代服务业发展的关键影响因素的修正与补充，以及基于 NK 模型的现代服务业发展路径选择。然而，在现实中，基于云端互动的现代服务业发展路径选择问题中还可能涉及其他方面的决策分析问题，例如：基于云端互动的现代服务业发展的影响因素的互动研究等，仍有待于进一步的深入研究。

（2）针对现实中存在的许多具有代表性的城市或地区的典型案例，还应该进一步深入挖掘、提炼。例如，发达地区基于云端互动的现代服务业发展路径选择问题、欠发达地区基于云端互动的现代服务业发展路径选择问题等等，更加全面地分析和研究其他典型的、具有代表性的案例能够提高应用本书提出方法解决现实中城市或地区的基于云端互动的现代服务业发展路径选择问题的有效性和可行性。

（3）针对解决基于云端互动的现代服务业发展路径选择问题的 Web 决策支持系统，仍需要进一步研究和开发，在 Web 决策支持系统中嵌入本书给出的相应的决策分析模型与方法，并且采用友好的用户界面，以方便用户访问和使用，从而进一步增强本书提出的基于云端互动的现代服务业发展路径选择方法的实用性和可操作性。

附录 A

沈阳市基于云端互动的现代服务业发展的影响因素重要性评价的调查问卷

尊敬的专家：

　　您好！

　　此问卷目的在探讨"沈阳市基于云端互动的现代服务业发展的影响因素重要性评价"的议题。本研究的结果将有助于学术发展及实务上的应用，若没有您的协助，此研究将无法顺利完成，因此，请您持一种支持国内学术研究，并为社会培养研究人才的心情，打扰您约 15 分钟的时间，仔细地填答这份问卷。

　　由于数据的完整性与正确性对研究结果的成败有很大的影响，请您务必仔细阅读每一项问题，答案没有"对"与"错"之分，只要依照您个人的看法与感觉来回答即可，也请您不要遗漏任何一题，您所付出的精神与时间，对学术研究将是莫大的贡献。

　　您所填答的资料，纯粹仅供学术研究之用，绝不会对外公开，敬请您安心填答，恳切地期盼您的热心协助！谨致上最诚挚的谢意！

问卷说明：

　　请您依据沈阳市当前经济发展的实际情况，判断以下问卷中的各影响因素对沈阳市基于云端互动的现代服务业发展的重要性进行评价，并选择"非常不重要、不重要、一般、重要、非常重要"中的一个语言评价作为对该条目重要程度的评价。您认为下面列表中影响因素的重要程度可用哪个语言评价短语来衡量？请您在相关栏目中打"√"。

基于云端互动的 现代服务业发展的 影响因素	非常不重要	不重要	一般	重要	非常重要
城市化水平					
人均可支配收入					
人均国内生产总值					
经济发展水平					
信息化水平					
市场化水平					
工业化水平					
人力资本投入					
政府相关政策支持					
对外开放水平					

沈阳市基于云端互动的现代服务业发展的关键影响因素的修正

B1 关于沈阳市基于云端互动的现代服务业发展的关键影响因素修正的第一轮调查问卷

尊敬的专家：

您好！

此问卷目的在探讨"基于云端互动的沈阳市现代服务业发展的关键影响因素的修正"的议题。本研究的结果将有助于学术发展及实务上的应用，若没有您的协助，此研究将无法顺利完成，因此，请您持一种支持国内学术研究，并为社会培养研究人才的心情，打扰您约 15 分钟的时间，仔细地填答这份问卷。

由于数据的完整性与正确性对研究结果的成败有很大的影响，请您务必仔细阅读每一项问题，答案没有"对"与"错"之分，只要依照您个人的看法与感觉来回答即可，也请您不要遗漏任何一题，您所付出的精神与时间，对学术研究将是莫大的贡献。

您所填答的资料，纯粹仅供学术研究之用，绝不会对外公开，敬请您安心填答，恳切地期盼您的热心协助！谨致上最诚挚的谢意！

问卷说明：

请您依据沈阳市当前经济发展的实际情况，判断以下问卷中的各影响因素是否适合被用来作为沈阳市基于云端互动的现代服务业发展的关键影响因素，并选择"非常不重要、不重要、一般、重要、非常重要"中的一个语言评价作为对该条目合理性的评价。您认为下面列表中关键影响因素的重要程度可用哪个语言评价短语来衡量？请您在相关栏目中打"√"。

基于云端互动的现代服务业发展的关键影响因素	非常不重要	不重要	一般	重要	非常重要
城市化水平					
信息化水平					
市场化水平					
人力资本投入					
政府相关政策支持					
对外开放水平					

B2　关于沈阳市基于云端互动的现代服务业发展的关键影响因素修正的第二轮调查问卷

尊敬的专家：

您好！

此问卷目的在探讨"基于云端互动的沈阳市现代服务业发展的关键影响因素的修正"的议题，旨在对第一轮专家意见中产生较大分歧的影响因素进行再次评价，并将基于云端互动的沈阳市现代服务业发展的关键影响因素进行进一步修正。本研究的结果将有助于学术发展及实务上的应用，若没有您的协助，此研究将无法顺利完成，因此，请您持一种支持国内学术研究，并为社会培养研究人才的心情，打扰您约 15 分钟的时间，仔细地填答这份问卷。

由于数据的完整性与正确性对研究结果的成败有很大的影响，请您务必仔细阅读每一项问题，答案没有"对"与"错"之分，只要依照您个人的看法与感觉来回答即可，也请您不要遗漏任何一题，您所付出的精神与时间，对学术研究将是莫大的贡献。

您所填答的资料，纯粹仅供学术研究之用，绝不会对外公开，敬请您安心填答，恳切地期盼您的热心协助！谨致上最诚挚的谢意！

问卷说明：

请您依据沈阳市当前经济发展的实际情况，判断以下问卷中的"市场化水平"的意义进行解读，并选择"合理、不合理、不评价"中的一个语言评价对该条目进行的评价。您认为下面列表中关于"市场化水平"的含义描述可用哪个语言评价短语来衡量？请您在相关栏目中打"√"。

市场化水平的含义	合理	不合理	不评价
市场化是指市场机制在一个经济资源配置中发挥作用持续增加的经济体制演变过程			
市场化是指改革中资源由计划配置向市场配置的经济体制转变过程			

B3 关于沈阳市基于云端互动的现代服务业发展的关键影响因素修正的第三轮调查问卷

尊敬的专家：

您好！

此问卷目的在探讨"基于云端互动的沈阳市现代服务业发展的关键影响因素的修正"的议题，本次调查基于第一轮和第二轮调查问卷的统计结果，旨在对筛选出的基于云端互动的沈阳市现代服务业发展的 5 个关键影响因素进行进一步修正，其中基于第二轮调整问卷的统计结果，本研究将关键影响因素"市场化水平"修正为"要素市场化配置"。本研究的结果将有助于学术发展及实务上的应用，若没有您的协助，此研究将无法顺利完成，因此，请您持一种支持国内学术研究，并为社会培养研究人才的心情，打扰您约 15 分钟的时间，仔细地填答这份问卷。

由于数据的完整性与正确性对研究结果的成败有很大的影响，请您务必仔细阅读每一项问题，答案没有"对"与"错"之分，只要依照您个人的看法与感觉来回答即可，也请您不要遗漏任何一题，您所付出的精神与时间，对学术研究将是莫大的贡献。

您所填答的资料，纯粹仅供学术研究之用，绝不会对外公开，敬请您安心填答，恳切地期盼您的热心协助！谨致上最诚挚的谢意！

问卷说明：

请您依据沈阳市当前经济发展的实际情况，判断以下问卷中的各影响因素是否适合被用来作为沈阳市基于云端互动的现代服务业发展的关键影响因素，并选择"非常不重要、不重要、一般、重要、非常重要"中的一个语言评价作为对该条目合理性的评价。您认为下面列表中关键影响因素的重要程度可用哪个语言评价短语来衡量？请您在相关栏目中打"√"。

基于云端互动的现代服务业发展的关键影响因素	非常不重要	不重要	一般	重要	非常重要
信息化水平					
要素市场化配置					
人力资本投入					
政府相关政策支持					
对外开放水平					

参考文献

[1] 国家发展改革委，中央网信办. 关于推进"上云用数赋智"行动 培育新经济发展实施方案 [EB/OL]. 中央网信办，http：//www. cac. gov. cn/2020 −04/10/c_1588063906057671. htm，2020.

[2] 王淑梅. 现代服务业系统机理与发展模式研究 [D]. 武汉：武汉理工大学，2012.

[3] Moullaert F G. The Locational Geography of Advanced Producer Firms：The Limits of Economies of Agglomeration in Daniels [J]. The Geography of Services Frank Case，1993：91 −106.

[4] Illeris S. The Service Economy, a Geographical Approach [M]. Denmark John Wiley & Sons Ltd，1996.

[5] Singelmann J. From Agriculture to Services：The Transformation of Industrial Employment [J]. Sage Library of Social Research，1978：77.

[6] Miles I，Bolisani E，Boden M. Ecommerce：Servicing the New Economy in Andersen Etal [J]. Knowledge and Innovation in the New Service Economy，2000：89 −102.

[7] Herbert G，Grubel M A. Service Industry Growth：Cause and Effects [J]. Fraser Institute，1989：279.

[8] Riddle D. Service-led Growth：The Role of the Service Sector in World Development [M]. NY：Praeger Publishers，1986：56 −68.

［9］ Sundbo J. Organization and Innovation Strategy in Services ［M］. Services and the Knowledge-based Economy，2000.

［10］ Szalavetz A. Tertiarization of Manufacturing Industry in the New Economy：Experiences in Hungarian Companies ［R］. Budapest：Hungarian Academy of Sciences Working Papers，2003.

［11］ Howells G. Location，Technology and Industrial Organization in UK Services ［J］. Progress in Planning，1986（2）：133－143.

［12］ 俞军，李德才，王书珍. 合肥市现代服务业发展现状及路径选择 ［J］. 华东经济管理，2016，30（6）：32－38.

［13］ 赵东霞，赵彪，周成. 东北地区生产性服务业集聚的空间差异研究 ［J］. 生产力研究，2015（3）：15－17.

［14］ 赵昊. 东北三省现代服务业集聚区发展研究 ［J］. 合作经济与科技，2018（7）：69－74，161.

［15］ 孟琳琳，李江苏，李明月，等. 河南省现代服务业集聚特征及影响因素分析 ［J］. 世界地理研究，2020，29（6）：1202－1212.

［16］ 王科，杨亚芹，吴振华. 现代服务业发展与产业结构升级：基于京津冀产业融合视角 ［J］. 商业经济研究，2020（9）：39－42.

［17］ 刘中艳，史鹏飞. 甘肃省现代服务业发展影响因素的实证研究 ［J］. 沈阳工业大学学报（社会科学版），2019，12（2）：129－136.

［18］ 朱军，何静，马虎兆. 城市服务业发展影响因素的实证分析：以天津市为例 ［J］. 科学学与科学技术管理，2008，29（12）：86－91.

［19］ 张义博. 现代服务业与制造业、农业融合发展的国际经验及启示 ［J］. 江淮论坛，2022（4）：60－68.

［20］ 洪群联. 中国先进制造业和现代服务业融合发展现状与"十四五"战略重点 ［J］. 当代经济管理，2021，43（10）：74－81.

［21］ 史曼菲. 现代服务业发展潜力影响因素及潜力评价研究——以陕西省为例 ［D］. 西安：西安理工大学，2018.

［22］ 侯守国，杜子芳，冯沛. 基于主成分分析的现代服务业发展路径研究

[J]. 统计与决策, 2014 (7): 140 –142.

[23] 张胜, 李方, 郭英远. 基于产业价值链的现代服务业科技发展路径研究 [J]. 科学管理研究, 2016, 34 (6): 56 –60.

[24] 王慧. 新常态下辽宁现代服务业创新发展路径分析 [J]. 沈阳师范大学学报 (社会科学版), 2017, 41 (3): 29 –35.

[25] 胡在铭. 河南省现代服务业的发展路径 [J]. 经济与管理, 2015 (9): 105 –107.

[26] 李静茹, 王宁. "互联网 +" 背景下黑龙江省现代服务业发展的路径选择 [J]. 中国商论, 2016 (13): 117 –118.

[27] 穆克瑞. 海南自由贸易港现代服务业发展路径研究: 经济自由度视角 [J]. 预测, 2021, 40 (6): 68 –75.

[28] 柳玉寿, 何亮, 李倩. 基于主成分分析法的绵阳市现代服务业发展路径研究 [J]. 现代营销 (经营版), 2020 (5): 88 –92.

[29] 李红. 现代服务业融合创新发展的路径探讨 [J]. 统计与决策, 2015 (24): 72 –74.

[30] 朱雁春, 杨巧媛. 生态视角下现代服务业新业态生成机理及发展路径探讨 [J]. 商业经济研究, 2018 (13): 172 –175.

[31] 王洪远. 现代服务业与农业耦合模式构建及发展路径选择 [D]. 杭州: 浙江财经大学, 2013.

[32] 胡亦琴, 王洪远. 现代服务业与农业耦合发展路径选择——以浙江省为例 [J]. 农业技术经济, 2014 (4): 25 –33.

[33] 贾佳霖, 陈鑫. 基于灰色理论的湖北省现代服务业发展影响因素研究 [J]. 武汉工程职业技术学院学报, 2016, 28 (4): 55 –58.

[34] 李江苏, 梁燕, 李小建. 欠发达地区快速增长城市现代服务业空间布局及影响因素——基于 POI 和问卷数据的郑州市案例分析 [J]. 经济地理, 2021, 41 (5): 145 –154.

[35] Fisher A G B. The Clash of Progress and Security [M]. Macmillan, 1935: 13 –23.

[36] Clark C F L. The Conditions of Economic Progress [J]. Population, 1960 (15): 374 - 375.

[37] 孙永波, 甄圆圆. 北京现代服务业发展影响因素实证分析 [J]. 经济体制改革, 2015 (2): 70 - 75.

[38] 程毛林, 韩云. 基于改进因子分析法的影响苏州现代服务业集聚区发展的因素分析 [J]. 苏州科技大学学报 (自然科学版), 2021, 38 (2): 11 - 16.

[39] 田军, 张朋柱, 王刊良, 等. 基于德尔菲的专家意见集成模型研究 [J]. 系统工程理论与实践, 2004 (1): 57 - 62, 69.

[40] 王春枝, 斯琴. 德尔菲法中的数据统计处理方法及其应用研究 [J]. 内蒙古财经学院学报 (综合版), 2011, 9 (4): 92 - 96.

[41] 刘伟涛, 顾鸿, 李春洪. 基于德尔菲的专家评估方法 [J]. 计算机工程, 2011, 37 (S1): 189 - 191, 204.

[42] 王少娜, 董瑞, 谢晖, 等. 德尔菲法及其构建指标体系的应用进展 [J]. 蚌埠医学院学报, 2016, 41 (5): 695 - 698.

[43] 曾照云, 程晓康. 德尔菲法应用研究中存在的问题分析: 基于 38 种 CSSCI (2014—2015) 来源期刊 [J]. 图书情报工作, 2016, 60 (16): 116 - 120.

[44] 邹芳. 现代服务业发展、经济增长与地方财政收入互动关系研究——以福建为例 [J]. 地方财政研究, 2017 (12): 76 - 83, 89.

[45] Kauffman S A. The Origins of Order: Self Organization and Selection in Evolution [J]. Journal of Evolutionary Biology, 1992, 13 (1): 133 - 144.

[46] 马克卢普. 美国的知识生产与分配 [M]. 孙耀君, 译. 北京: 人民大学出版社, 2007.

[47] 安筱鹏. "两化融合与现代服务业发展" 系列①——现代服务业: 概念、特征与分类 [J]. 中国信息界, 2008 (8): 66 - 71.

[48] 张赤东. 发展现代服务业: 界定、特征、分类与趋势 [J]. 科技中国, 2020 (3): 58 - 61.

[49] 吴滨. 我国现代服务业发展的统计测度 [J]. 山东工商学院学报，2020, 34 (6): 30 – 36.

[50] 王志明，张斌，方名山. 现代服务业的内涵界定与分类 [J]. 上海商业, 2009 (6): 6 – 10.

[51] Hauknes J. Services in Innovation-Innovation in Services [J]. Step Report, 1998, 1 (1): 82.

[52] Muller E, Zenker A. Business Services as Actors of Knowledge Transformation: The Role of KIBS in Regional and National Innovation Systems [J]. Research Policy, 2001 (30): 1501 – 1516.

[53] 中国共产党的第十五次全国代表大会的报告 [DB/OL]. 中国共产党新闻网——中国共产党历次全国代表大会数据库, http://cpc.people.com.cn/GB/64162/64168/64568/index.html, 1997 – 09 – 12.

[54] 中国共产党第十五届中央委员会第五次全体会议公报 [EB/OL]. 中国共产党新闻网, http://cpc.people.com.cn/GB/64162/64168/64568/65404/4429268.html, 2000 – 10 – 11.

[55] 中国共产党的第十六次全国代表大会的报告 [DB/OL]. 中国共产党新闻网——中国共产党历次全国代表大会数据库, http://cpc.people.com.cn/GB/64162/64168/64569/index.html, 2002 – 11 – 08.

[56] 中国共产党的第十七次全国代表大会的报告 [EB/OL]. 中国共产党历次全国代表大会数据库, http://cpc.people.com.cn/GB/64162/64168/106155/index.html.

[57] 刘志彪，周勤，欧阳良钻. 南京市发展现代服务产业的研究 [J]. 南京社会科学, 2001 (S2): 29 – 36.

[58] 李江帆，曾国军. 中国第三产业内部结构升级趋势分析 [J]. 中国工业经济, 2003 (3): 34 – 39.

[59] 朱明春. 关于我国服务业发展中几个战略问题的思考（上）[J]. 中国经贸导刊, 2004 (12): 3 – 5.

[60] 朱明春. 关于我国服务业发展中几个战略问题的思考（下）[J]. 中国

经贸导刊，2004（13）：27 – 29.

[61] 晁钢令. 服务产业与现代服务业 [M]. 上海：上海财经大学出版社，2004.

[62] 朱晓青，林萍. 北京现代服务业的界定与发展研究 [J]. 北京行政学院学报，2004（4）：41 – 46.

[63] 刘有章，肖腊珍. 湖北现代服务业的发展现状及对策研究 [J]. 中南财经政法大学学报，2004（3）：33 – 38.

[64] 杨翠兰. 关于现代服务业内涵的理论思考：对传统"服务"理论的反思 [J]. 商场现代化，2005（26）：355 – 356.

[65] 来有为，苏爱珍. 中国现代服务业差距何在 [J]. 科学决策，2004（7）：12 – 16.

[66] 郑吉昌，夏晴. 论生产性服务业的发展与分工的深化 [J]. 科技进步与对策，2005（2）：13 – 15.

[67] 庞毅，宋冬英. 北京现代服务业发展研究 [J]. 经济与管理研究，2005（10）：5 – 11.

[68] 朱彩青. 安徽省现代服务业的现状及发展对策研究 [D]. 合肥：合肥工业大学，2006.

[69] 张树林. 现代服务业集聚效应分析 [J]. 北方经贸，2006（6）：113 – 114.

[70] 刘成林. 现代服务业发展的理论与系统研究 [D]. 天津：天津大学，2007.

[71] 申畅. 黑龙江省传统服务业向现代服务业发展的模式研究 [J]. 商业经济，2009（17）：106 – 108.

[72] 任英华，邱碧槐，王耀中. 服务业集聚现象测度模型及其应用 [J]. 数理统计与管理，2011（6）：1089 – 1096.

[73] 温敏. 现代服务业发展的制约因素与对策 [J]. 中国高新技术企业，2013（24）：3 – 4.

[74] 赵爽. 中国现代服务业产业集聚对全要素生产率的影响研究 [D]. 长

春：东北师范大学，2021.

[75] 现代服务业科技发展"十二五"专项规划［EB/OL］. 中国政府网，http：//www. gov. cn/zwgk/2012-02/22/content_2073617. htm，2012 – 01 – 29.

[76] 十三五"现代服务业科技创新专项规划［EB/OL］. 中国政府网，http：//www. gov. cn/zhengce/2017-05/16/content＿5194357. htm，2017 – 05 – 16.

[77] 韩云. 产业集聚与发展现代服务业［J］. 集团经济研究，2005（23）：137 – 138.

[78] 郭会斌，杨先荣. 现代服务性企业的界定及运营策略初探［J］. 商场现代化，2007（7）：52 – 53.

[79] 李治堂. 现代服务业研究成果评述［J］. 商业时代，2007（15）：12 – 14.

[80] 潘海岚. 现代服务业部门统计分类的概述与构想［J］. 统计与决策，2008（3）：44 – 46.

[81] 钟云燕. 现代服务业的界定方法［J］. 统计与决策，2009（6）：168 – 169.

[82] 安体富，刘翔. 促进现代服务业发展的税收政策研究：国际比较与借鉴［J］. 学习与实践，2011（2）：5 – 11.

[83] 魏绍琼. 现代服务业行业范围界定及其统计研究［J］. 现代经济信息，2012（13）：205.

[84] 王玲芳. "关中－天水"经济区发展现代服务业的路径选择［D］. 西安：西安科技大学，2014.

[85] 张毅. 中国现代服务业区域发展及其影响因素研究［D］. 武汉：中南财经政法大学，2019.

[86] 何德旭. 中国服务业发展报告 NO. 6［M］. 北京：社会科学文献出版社，2008.

[87] OECD. Innovation and Productivity in Services［R］. OECD Report，Paris，

2001.

［88］ UNS Office. International Standard Industrial Classification of all Economic Activities ［M］. United Nations，1990.

［89］2017 年《国民经济行业分类》（GB/T 4754—2017）［EB/OL］. 国家统计局官网，http：//www. stats. gov. cn/tjsj/tjbz/hyflbz/201710/t20171012_1541679. html，2017 － 09 － 29.

［90］北京市现代服务业统计分类（2020）［EB/OL］. 北京市统计局网站，http：//tjj. beijing. gov. cn/zwgkai/tjbz_31390/xyhcyfl_31392/cyfl_31677/202004/t20200429_1887729. html，2020 － 04 － 29.

［91］胡启恒. 诠释我国现代服务业［N］. 中国信息导报，2004 － 08 － 11.

［92］徐国祥，常宁. 现代服务业统计标准的设计［J］. 统计研究，2004 （12）：10 － 12.

［93］朱晴睿. 从世界工厂到世界服务商 中国的下一个 25 年：我国现代服务业发展模式浅析［J］. 上海企业，2005（10）：37 － 40.

［94］尚永胜. 我国现代服务业的发展现状、问题及对策［J］. 山西师大学报（社会科学版），2005（5）：25 － 28.

［95］黄繁华，洪银兴. 加快江苏现代服务业发展路径研究［J］. 南京社会科学，2007（7）：120 － 125.

［96］哈里达木·努尔麦合麦提. 新疆自治区现代服务业发展现状及对策研究［D］. 大连：大连理工大学，2008.

［97］方名山. 上海现代服务业发展对策研究［J］. 科学发展，2009（11）：82 － 85.

［98］曲波远. 大连现代服务业发展现状及对策研究［D］. 大连：大连海事大学，2010.

［99］蔡沛丰. 中国沿海地区现代服务业效率及其影响因素分析［D］. 秦皇岛：燕山大学，2017.

［100］Fisher A G B. Economic Implications of Material Progress ［J］. International Labor Review，1935（6）：24 － 38.

［101］Colin C M A. The Condition of Economic Progress ［M］. London：Macmillan Company，1957：493－494.

［102］Bell D. The Coming of Post-Industrial Society：A Venture in Social Forecasting ［M］. New York：Basic Books，1973.

［103］Bailly A S. Producer Services Research in Europe ［J］. Professional Geographer，1995，47（1）：70－74.

［104］Beyers L. Explaining the Demand for Producer Services ［J］. Papers in Regional Science，1996，75（3）：351－374.

［105］Bagdoniene L，Jakstaite R. The Relationship between Providers and Clients of Knowledge Intensive Business Services and its Marketing ［J］. Economics & Management，2008，34（6）：176－181.

［106］李江帆. 第三产业的产业性质、评估依据和衡量指标 ［J］. 华南师范大学学报（社会科学版），1994（3）：1－9，13.

［107］倪鹏飞. 中国城市服务业发展假设与验证 ［J］. 财贸经济，2004，7（7）：7－11.

［108］江小涓，李辉. 服务业与中国经济：相关性和加快增长的潜力 ［J］. 经济研究，2004（1）：4－15.

［109］周振华. 现代服务业发展：基础条件及其构建 ［J］. 上海经济研究，2005（9）：21－29.

［110］方俊伟，刘银. 浙江省现代服务业与城市化的协整及 Granger 检验 ［J］. 工业技术经济，2007（7）：72－74.

［111］何庆明，刘婉华. 中国服务业发展的影响因素实证分析 ［J］. 中国集体经济，2008（Z2）：44－48.

［112］赵勤. 东北地区现代服务业发展的制约因素及路径探析 ［J］. 商业经济，2008（11）：93－95.

［113］李娟. 我国现代服务业发展影响因素分析 ［J］. 商业研究，2010（2）：112－115.

［114］茅媛媛. 江苏省现代服务业发展现状及其影响因素研究 ［D］. 扬州：

扬州大学，2010.

[115] 彭生顺，刘静. 重庆现代服务业发展影响因素动态分析 [J]. 商业研究，2011（9）：38-42.

[116] 李大明，肖全章. 现代服务业区域发展差异因素研究 [J]. 中南财经政法大学学报，2011（4）：17-22.

[117] 刘中艳，李明生. 生产性服务业运营效率测度及其影响因素实证分析：以湖南省为例 [J]. 求索，2013（6）：15-18.

[118] 甄晓非，谢律威. 知识密集型服务业影响因素研究 [J]. 科技进步与对策，2013，30（7）：53-56.

[119] 张卿，戴燕艳. 广东现代服务业发展的影响因素与政策取向分析 [J]. 岭南学刊，2013（3）：101-107.

[120] 胡亚楠. 新疆现代服务业发展研究：基于新型城镇化视角 [D]. 乌鲁木齐：新疆师范大学，2014.

[121] 姜霞. 湖北省现代服务业发展的影响因素实证研究 [J]. 现代商贸工业，2014（10）：3-4.

[122] 司玉娜. 关中-天水经济区现代服务业发展的影响因素和对策 [D]. 西安：西安科技大学，2014.

[123] 张丞坤. 云南省现代服务业发展现状及其影响因素研究 [D]. 昆明：云南财经大学，2015.

[124] 段文斌，刘大勇，皮亚彬. 现代服务业聚集的形成机制：空间视角下的理论与经验分析 [J]. 世界经济，2016，39（3）：144-165.

[125] 汪洋. 西安市现代服务业发展现状及影响因素研究 [D]. 西安：陕西师范大学，2017.

[126] 陈景华，王素素. 现代服务业发展的地区差异与影响因素：以山东为例 [J]. 山东社会科学，2018，39（3）：153-158.

[127] 白珺. 吉林省现代服务业竞争力评价及影响因素研究 [D]. 长春：吉林财经大学，2018.

[128] 刘英杰. 我国生产性服务业影响因素研究 [J]. 冶金经济与管理，

2018 (5)：40 –42.

[129] 薛文婷．我国现代服务业发展影响因素及趋势分析［J］．商业经济研究，2019 (15)：177 –180.

[130] 王晓燕，师亚楠．天津市现代服务业发展影响因素研究：基于主成分分析［C］．天津市社会科学界第十五届（2019）学术年会，2019 (10)：58 –66.

[131] 周佳婷，宋德军．河南省现代服务业发展影响因素研究［J］．北方经贸，2021 (6)：110 –112.

[132] 夏名首．中部地区现代服务业发展现状及路径选择［J］．商业时代，2008 (34)：25 –27.

[133] 孙华玲．加快山东省现代服务业发展的路径选择［J］．东岳论丛，2012, 33 (7)：165 –168.

[134] 王可侠，彭玉婷．中国现代服务业发展路径研究［J］．江淮论坛，2017 (5)：41 –45.

[135] 张晶敏，林荫．辽宁省现代服务业发展路径的选择［J］．电子商务，2018 (12)：1 –2.

[136] 杜永红．基于区域经济的陕西省现代服务业发展路径的选择［J］．中国商贸，2010 (17)：212 –213.

[137] 葛新．黑龙江现代服务业发展潜力和路径选择［J］．调研世界，2013 (12)：21 –25.

[138] 韩智慧．基于产业集聚的河南省现代服务业发展路径研究［J］．中国物流与采购，2020 (5)：75 –76.

[139] 范龙升，王宁．黑龙江省现代服务业发展路径研究［J］．商场现代化，2020 (8)：147 –148.

[140] 靳艳．长三角一体化视域下安徽省现代服务业发展路径研究［J］．黑龙江工业学院学报（综合版），2021, 21 (9)：102 –107.

[141] 郭志清，翟卫东．新旧动能转换下山西农业与现代服务业耦合发展的路径选择［J］．科技和产业，2021, 21 (3)：122 –125.

[142] 鲁泽霖. 数字经济打造现代服务业: 盘点和展望 [J]. 产业创新研究, 2018 (7): 38–39.

[143] 李丽, 张东旭, 薛雯卓, 等. 数字经济驱动服务业高质量发展机理探析 [J]. 商业经济研究, 2022 (3): 174–176.

[144] 陈临奇. 数字经济时代对"服务业之谜"的再解释 [D]. 北京: 中国社会科学院大学 (研究生院), 2020.

[145] Machlup F. The Production and Distribution of Knowledge in the United States [M]. Princeton University Press, 1962.

[146] Muller E. Innovation Interactions between Knowledge-Intensive Business Services and Small and Medium-Sized Enterprises [J]. Bibliogr, 1999 (17): 338–435.

[147] Suo W L, Feng B, Fan Z P. Extension of the DEMATEL Method in An Uncertain Linguistic Environment [J]. Soft Computing, 2012, 16 (3): 471–483.

[148] Gabus A, Fontela E. World Problems, an Invitation to Further Thought Within the Framework of DEMATEL [R]. Switzerland Geneva: Battelle Geneva Research Center, 1972.

[149] Gabus A, Fontela E. Perceptions of the World Problematique: Communication Procedure, Communicating with Those Bearing Collective Responsibility (DEMATEL Report No. 1) [R]. Switzerland Geneva: Battelle Geneva Research Centre, 1973.

[150] Fontela E, Gabus A. The Dematel Observer, Dematel 1976 Report [R]. Switzerland Geneva: Battelle Geneva Research Center, 1976.

[151] Sewall W. The Role of Mutation, Inbreed, Crossbreeding, and Selection in Evolution, Six International Congress of Genetic [M]. New York: Brookly Botanical Garden, 1932.

[152] 回顾 16 年砥砺前行, 亚马逊云科技让云计算变得"简单" [EB/OL]. 知乎, https://zhuanlan.zhihu.com/p/486030805, 2022–03–23.

［153］林子雨．大数据导论［M］．第3版．北京：人民邮电出版社，2020.

［154］林子雨．大数据技术原理与应用——概念、存储、处理、分析与应用［M］．第3版．北京：人民邮电出版社，2021.

［155］保尔·霍肯．未来的经济［M］．北京：科学技术文献出版社，1985.

［156］Nicholas N. Being Digital［M］. New York：Knopf Publishing Group，1996.

［157］Tapscott D. The Digital Economy：Promise and Peril in the Age of Networked Intelligence［M］. New York：Mcgraw Hill，1996.

［158］姜奇平，等．浮现中的数字经济［M］．北京：中国人民大学出版社，1998.

［159］Henry D. 浮现中的数字经济 II：美国商务部报告［M］．南京：南京大学出版社，1999.

［160］美国商务部经济与统计行政事务部政策发展办公室．数字经济：美国商务部2000年电子商务报告［M］．晏维龙，等译．北京：中国人民大学出版社，2001.

［161］朱亮，孟宪学．文献计量法与内容分析法比较研究［J］．图书馆工作与研究，2013（6）：64－66.

［162］陈维军．文献计量法与内容分析法的比较研究［J］．情报科学，2001，19（8）：884－886.

［163］De Solla Price D J. Is Technology Historically Independent of Science? A Study in Statistical Historiography［J］. Technology and Culture，1965：6（4）：553－568.

［164］Garfield E. Patent Citation Indexing and the Notions of Novelty，Similarity，and Relevance［J］. Journal of Chemical Documentation，1966，6（2）：63－65.

［165］Pritchard A. Statistical Bibliography or Bibliometrics［J］. Journal of Documentation，1969（25）：348.

［166］王崇德．计量文献与预测情报［J］．情报科学，1980（3）：43－45.

[167] 王先林. 文献计量学的分析研究对象及应用 [J]. 情报科学, 1983, 4 (6): 15 – 19.

[168] Narin F, Hamilton K S, Olivastro D. The Increasing Linkage between US Technology and Public Science [J]. Research Policy, 1997, 26 (3): 317 – 330.

[169] Narin F, Noma E. Is Technology Becoming Science? [J]. Scientometrics, 1985, 7 (3 – 6): 369 – 381.

[170] Verbeek A, Debackere K, Luwel M. Science Cited in Patents: A Geographic "Flow" Analysis of Bibliographic Citation Patterns in Patents [J]. Scientometrics, 2003, 58 (2): 241 – 263.

[171] 张振全. 论文献计量学 [J]. 内蒙古民族师院学报 (自然科学版), 2000, 15 (2): 176 – 177.

[172] Beyers W B. The Producer Services and Economic Development in the United States: The Last Decade [R]. Washington, DC: Economic Development Administration, 1989 (5).

[173] Wu W W, Lee Y T. Developing Global Managers' Competencies Using the Fuzzy DEMATEL Method [J]. Expert Systems with Applications, 2007, 32 (2): 499 – 507.

[174] Tzeng G H, Chiang C H, Li C W. Evaluating Intertwined Effects in E-learningPrograms: A Novel Hybrid MCDM Model Based on Factor Analysis and DEMATEL [J]. Expert Systems with Applications, 2007, 32 (4): 1028 – 1044.

[175] Lin C J, Wu W W. A Causal Analytical Method for Group Decision-making Under Fuzzy Environment [J]. Expert Systems with Applications, 2008, 34 (1): 205 – 213.

[176] 刘凯宁, 樊治平, 李永海. 考虑多因素关联情形的企业发展战略选择的 SDV 方法 [J]. 管理学报, 2014, 11 (12): 1766 – 1774.

[177] Büyüközkan G, Güleryüz S. An Integrated DEMATEL-ANP Approach for

Renewable Energy Resources Selection in Turkey [J]. International Journal of Production Economics, 2016, 182: 435 – 448.

[178] Tseng M L. Using the Extension of DEMATEL to Integrate Hotel Service Quality Perceptions into a Cause-effect Model in Uncertainty [J]. Expert Systems with Applications, 2009, 36 (5): 9015 – 9023.

[179] Song W, Cao J. A Rough DEMATEL-based Approach for Evaluating Interaction Between Requirements of Product-service System [J]. Computers & Industrial Engineering, 2017, 110 (6): 353 – 363.

[180] Lin C L, Tzeng G H. A Value-created System of Science (technology) Park by Using DEMATEL [J]. Expert Systems with Applications, 2009, 36 (6): 9683 – 9697.

[181] Chen J K, Chen I S. A Pro-performance Appraisal System for the University [J]. Expert Systems with Application, 2010, 37 (3): 2108 – 2116.

[182] Lee Y C, Li M L, Yen T M, et al. Analysis of Aadopting an Integrated Decision Making Trial and Evaluation Laboratory on a Technology Acceptance Model [J]. Expert Systems with Application, 2010, 37 (2): 1745 – 1754.

[183] 纪岱玲, 林我聪. 供应商绩效评估研究: 结合 ANP 及 DEMATEL 之应用 [C]. 2006 管理创新与新愿景研讨会, 2006.

[184] 李洪伟, 周德群, 章玲. 运用 DEMATEL 方法及交叉增援矩阵法对层次分析法的改进 [J]. 统计与决策, 2006, 22 (8): 10 – 11.

[185] 朱佩枫, 周德群, 张洁. 基于 DEMATEL 方法的煤炭企业跨区投资进入模式因素分析 [J]. 经济问题探索, 2006, 27 (12): 78 – 83.

[186] 陶跃, 夏宁. 影响网络安全性的因素辨识、评价与分析 [J]. 情报科学, 2006, 24 (9): 1383 – 1387.

[187] Tseng M L. A Causal and Effect Decision Making Model of Service Quality Expectation Using Grey-fuzzy DEMATEL Approach [J]. Expert Systems with Applications, 2009, 36 (4): 7738 – 7748.

［188］ Fan Z P, Suo W L, Feng B. Identifying Risk Factors of IT Outsourcing Using Interdependent Information: An Extended DEMATEL Method ［J］. Expert Systems with Applications, 2012, 39 (3): 3832 –3840.

［189］ Gandhi S, Sachin K M, Pradeep K D K. Evaluating Factors in Implementation of Successful Green Supply Chain Management Using DEMATEL: A Case Study ［J］. International Strategic Management Review, 2015, 3 (12): 96 –109.

［190］ Song W Y, Cao J T. A Rough DEMATEL-Based Approach for Evaluating Interaction between Requirements of Product-Service System ［J］. Computers & Industrial Engineering, 2017, 110 (8): 353 –363.

［191］ Rukiye K, Barbaros K Y. Building Bayesian Networks Based on DEMATEL for Multiple Criteria Decision Problems: A Supplier Selection Case Study ［J］. Expert Systems with Applications, 2019, 134 (11): 234 –248.

［192］ Lahane S, Kant R . Evaluating the Circular Supply Chain Implementation Barriers Using Pythagorean Fuzzy AHP-DEMATEL Approach ［J］. Cleaner Logistics and Supply Chain, 2021, 2 (12): 1032 –1044.

［193］ Altuntas F, Gok M S. The Effect of COVID-19 Pandemic on Domestic Tourism: A DEMATEL Method Analysis on Quarantine Decisions ［J］. International Journal of Hospitality Management, 2021, 92 (1): 432 – 444.

［194］ Pei-H T, Wang Y W, Kao H S. Applying DEMATEL-ANP Approach to Explore the Intention to Hold Roadside Wedding Banquets in Penghu: A Consumers' Perspective ［J］. Evaluation and Program Planning, 2022, 95 (12): 1243 –1254.

［195］ Herrera F, Martfiez L A. 2-tuple Fuzzy Linguistic Representation Model for Computing with Words ［J］. IEEE Transactions on Fuzzy Systems, 2000, 8 (6): 746 –752.

［196］ Herrera F, Martinez L. A Model Based on Linguistic 2-tuples for Dealing

With Multigranularity hHierarchical Linguistic Contexts in Multiexpert Decision-making [J]. IEEE Transactions on Systems, Man and Cybernetics—Part B: Cybernetics, 2001, 31 (2): 227 – 234.

[197] Goodman R. Introduction to Stochastic Models [M]. Monlo Park, California: Benjamin/Cummings Publishing Company, 1988: 105 – 112.

[198] Papoulis A, Pillai S U. Probility, Random Variables, and Stochastic Processes [M]. New York: McGraw-Hill, 2002: 775 – 784.

[199] Giannoccaro I. Assessing the Influence of the Organization in the Supply Chain Management Using NK Simulation [J]. International Journal of Production Economics, 2011, 131 (1): 263 – 272.

[200] Fan I Y H, LEE R W B. Design of a Weighted and Informed NK Model for Intellectual Capital-Based Innovation Planning [J]. Expert Systems with Applications, 2012, 39 (10): 9222 – 9229.

[201] Celo S, Nebus J, Wang I K. MNC Structure, Complexity, and Performance: Insights from NK Methodology [J]. Journal of International Management, 2015, 21 (3): 182 – 199.

[202] 中国共产党第十九届中央委员会第五次全体会议公报 [EB/OL]. 中国共产党新闻网, 习近平系列重要讲话数据库, http://cpc. people. com. cn/n1/2020/1030/c64094-31911721. html, 2015 – 10 – 26.

[203] 住建部与省政府在京签署部省共建城市更新先导区合作框架协议 [EB/OL]. 辽宁省人民政府网, http://www. ln. gov. cn/ywdt/jrln/wzxx2018/202012/t20201215_4049626. html, 2020 – 12 – 01.

[204] 实施五类行动推动城市更新 [EB/OL]. 辽沈晚报, http://epaper. lnd. com. cn/lswbepaper/pc/con/202206/16/content_155060. html.

[205] 中国共产党的第十八次全国代表大会的报告 [EB/OL]. 中国共产党新闻网, 中国共产党历次全国代表大会数据库, http://cpc. people. com. cn/GB/64162/64168/351850/index. html, 2012 – 11 – 08.

[206] 国务院关于近期支持东北振兴若干重大政策举措的意见 [EB/OL]. 中

国政府网，http：//www. gov. cn/zhengce/content/2014-08/19/content _
8996. htm，2014 – 08 – 01.

[207] 中共中央、国务院关于全面振兴东北地区等老工业基地的若干意见
[EB/OL]. 中国政府网（新华社北京 2016 年 4 月 26 日电），http：//
www. gov. cn/gongbao/2016-05/10/content_5070739. htm，2016.

[208] 国务院关于东北全面振兴 "十四五" 实施方案的批复 [EB/OL]. 中
国政府网，http：//www. gov. cn/zhengce/zhengceku/2021-09/13/con-
tent_5637015. htm，2021 – 09 – 06.

[209] 中国共产党的第二十次全国代表大会的报告 [EB/OL]. 中国共产党新
闻网，中国共产党历次全国代表大会数据库，http：//cpc. people.
com. cn/GB/64162/64168/448520/index. html，2022 – 10 – 16.

[210] 2022 年上半年辽宁省地区生产总值统一核算结果 [EB/OL]. 辽宁省统
计局网站，https：//tjj. ln. gov. cn/tjj/sjjd/sqzx/2022072510144616335/，
2022 – 07 – 20.

[211] 2022 年上半年全市经济运行情况综述 [EB/OL]. 沈阳市统计局网站，
http：//tjj. shenyang. gov. cn/sjfb/sqfx/202208/t20220802_3780832. html，
2022 – 08 – 02.

[212] 2022 年 1 ~8 月份沈阳市经济运行情况简析综述 [EB/OL]. 辽宁省统计
局网站，https：//tjj. ln. gov. cn/tjj/sjjd/sqzx17/2022101713461367594/in-
dex. shtml，2022 – 10 – 17.

[213] 人民日报： "五型经济" 构建沈阳经济新的 "增长极" [EB/OL]. 沈
阳发布，https：//baijiahao. baidu. com/s？id = 1747044304534814053&wfr =
spider&for = pc.

[214] 辽宁省国民经济和社会发展第十四个五年规划和二〇三五年远景目标
纲要 [EB/OL]. 辽宁省人民政府网站，http：//www. ln. gov. cn/zfxx/
zfwj/szfwj/zfwj2011_148487/202104/t20210408_4112775. html，2021 –
03 – 03.

[215] 国家发展改革委 中央网信办印发《关于推进 "上云用数赋智" 行

动 培育新经济发展实施方案》的通知［EB/OL］. 中华人民共和国国家发展和改革委员会，https：//www. ndrc. gov. cn/xxgk/zcfb/tz/202004/t20200410_1225542. html？code = &state = 123，2020 – 04 – 07.

[216] 沈阳市开展数字经济行动计划［EB/OL］. 中华人民共和国国家发展和改革委员会，https：//www. ndrc. gov. cn/fggz/dqzx/lzydfzxfz/201910/t20191031_1194035. html？code = &state = 123，2019 – 10 – 31.

[217] Suo W L，Feng B，Fan Z P. Extension of the DEMATEL Method in an Un-certain Linguistic Environment ［J］. Soft Computing，2012，16（3）：471 – 483.